Joa
Wie aus F
Ein politisches Essay

Joachim C. Häberlen arbeitet als Historiker an der University of Warwick und lebt in Berlin. Seit September 2015 engagiert er sich hier in der Flüchtlingshilfe, zunächst in den chaotischen Nächten vor dem Berliner Landesamt für Gesundheit und Soziales (LAGeSo), wo Hunderte Menschen ankamen und warteten. Später begleitete er Geflüchtete beim Ankommen in Deutschland. Mit einigen von ihnen schloss er tiefe Freundschaften.

Relationen – Essays zur Gegenwart 10

hrsg. von David Jünger, Jessica Nitsche und Sebastian Voigt

Joachim C. Häberlen

Wie aus Fremden Freunde werden

Ein politisches Essay über Begegnungen mit Flüchtlingen

Neofelis Verlag

1 € des Verkaufspreises geht an FLÜCHTLINGSPATEN SYRIEN E. V.

Bibliografische Information der Deutschen Nationalbibliothek
Die Deutsche Nationalbibliothek verzeichnet diese Publikation in der
Deutschen Nationalbibliografie; detaillierte bibliografische Daten sind
im Internet über http://dnb.d-nb.de abrufbar.

© **2018 Neofelis Verlag GmbH, Berlin**
www.neofelis-verlag.de
Alle Rechte vorbehalten.

Umschlaggestaltung: Marija Skara
Lektorat & Satz: Neofelis Verlag (fs/ae)
Druck: PRESSEL Digitaler Produktionsdruck, Remshalden
Gedruckt auf FSC-zertifiziertem Papier.
ISBN (Print): 978-3-95808-151-2
ISBN (PDF): 978-3-95808-199-4

Inhalt

Für H.

Vorwort

Willkommenskultur, Flüchtlingskrise, LAGeSo, Obergrenze, subsidiärer Schutz, Außengrenze, Fluchtursachen, Erstaufnahmeeinrichtung und Familiennachzug sind einige von ungezählten Begriffen, die die öffentliche Debatte seit dem Spätsommer 2015 geprägt haben und bis heute prägen. Die Begriffe *Flüchtlinge* und *Gutmensch* wurden von der Gesellschaft für deutsche Sprache gar zum Wort beziehungsweise Unwort des Jahres 2015 ‚geadelt‘. Wenige Tage nachdem Bundeskanzlerin Angela Merkel am 31. August 2015 ihren mittlerweile kanonischen Ausspruch „Wir schaffen das" in die Welt gesetzt hatte, ergänzte sie diesen mit den Worten „Denn was wir jetzt erleben, das ist etwas, was unser Land schon in den nächsten Jahren [...] verändern wird."[1] Beide Aussagen hatten bekanntlich Stürme der Entrüstung einerseits, der Bewunderung und Begeisterung andererseits ausgelöst. Während Merkel von ihrem Postulat, es zu schaffen, also den Zuzug und die Integration von Einwander*innen zu bewältigen, nie abrückte, fühlte sie sich gedrängt, der zum Teil schäumenden deutschen Öffentlichkeit zumindest bezüglich ihrer zweiten Aussage entgegenzukommen. Die ‚Flüchtlingskrise‘ werde das Land so nachhaltig nicht verändern, meinte sie ein Jahr später, „Deutschland wird Deutschland bleiben, mit allem, was uns lieb und teuer ist."[2]

---

1 Pressestatements von Bundeskanzlerin Merkel und Bundeswirtschaftsminister Gabriel am 7. September 2015. https://www.bundesregierung.de/Content/DE/Mitschrift/Pressekonferenzen/2015/09/2015-09-07-merkel-gabriel.html (Zugriff am 05.12.2017).
2 „Aus tiefer Überzeugung". Bundeskanzlerin Angela Merkel im Interview. In: *Süddeutsche Zeitung*, 30.08.2016. http://www.sueddeutsche.de/politik/bundeskanzlerin-angela-merkel-im-interview-aus-tiefer-ueberzeugung-1.3141421 (Zugriff am 05.12.2017).

Trotz dieses späteren Dementis hat sich die ursprüngliche Aussage etwas leiser, aber vielleicht doch viel nachhaltiger ins Vokabular der öffentlichen Debatte eingeschrieben. Die Frage danach, wie Flüchtlinge unser Land verändern, gehört seither zum Standardrepertoire politischer Zeitanalysen. Es bedarf natürlich keiner besonderen prophetischen Gabe, um das Veränderungspotential dieser Zuwanderung hunderttausender Menschen aus Syrien, Polen, Afghanistan oder dem Balkan zu erkennen. Ein wenig historisches Verständnis reicht dabei schon, um diese Zuwanderung ins Verhältnis zur Einwanderung von Millionen türkischer und italienischer ‚Gastarbeiter*innen' in den 1960er und 1970er Jahren zu setzen – wenn auch die Dimension heute eine viel geringere ist.

Jenseits der großen gesellschaftlichen Debatten über Leitkultur, Obergrenzen oder Integrationsbereitschaft auf beiden Seiten besteht jedoch eine weitere Ebene, die viel unaufgeregter daherkommt, aber sich vielleicht doch als tiefgreifender und nachhaltiger herausstellen könnte: die unzähligen Begegnungen, Kontakte und Beziehungen zwischen Menschen, die schon lange oder immer in Deutschland leben, und solchen, die als Migrant*innen in den letzten Jahren gekommen sind. Von einer solchen Begegnung handelt dieses Essay.

Joachim und Mariam lernten sich im Dezember 2015 in Berlin kennen, als Mariam mit ihrer Familie vor dem Landesamt für Gesundheit und Soziales (LAGeSo) in einem der vielen Zelte wohnte, um auf ihre Registrierung als afghanischer Flüchtling zu warten. Joachim war seit Wochen beinahe jede Nacht vor dem LAGeSo aktiv gewesen, um Ankommenden bei ihrer Suche nach Auskunft und Hilfe zu unterstützen. Aus den anfänglichen kurzen Gesprächen entwickelte sich schließlich eine enge Beziehung, eine richtige Freundschaft, eine Freundschaft jedoch, der sich mehr Hürden in den Weg stellten, als es bei den meisten unserer sonstigen Freundschaften der Fall ist.

Im vorliegenden Essay beschreibt der Autor die Entwicklung jener Freundschaft: die Gespräche, Erwartungen und Auseinandersetzungen, die Momente des Glücks ebenso wie die der

Enttäuschung. Nicht die großen politischen Fragen stehen hier im Vordergrund, sondern Konventionen und Probleme des Alltags, wie es für Freundschaften ja eigentlich typisch ist. Besonders Fragen persönlicher Beziehungen werden zwischen den beiden intensiv verhandelt: Männer, Frauen, Liebe, Freundschaft und Sexualität. Wenn doch einmal die großen politischen Fragen auftauchen, werden sie hier vor allem in ihrer alltagspolitischen Relevanz betrachtet. So wird aus der Diskussion um die Legitimität von Homosexualität schnell eine Auseinandersetzung um die Lebenswirklichkeit von Mariam in einer heterosexuellen, sexistischen Umgebung.

Joachim C. Häberlens Erzählung vermeidet ganz bewusst Verallgemeinerungen. Ihm geht es nicht darum, die Geschichte seiner Freundschaft mit Mariam zum Anschauungsmaterial für Integrationsdebatten werden zu lassen. Was diese Freundschaft über das Individuelle hinausgehend vielleicht noch darstellen kann, überlässt er überwiegend dem Urteil der Lesenden. So wenig er jedoch Verallgemeinerungen im Detail bemüht, so sehr besteht er jedoch auf eine grundsätzliche Erkenntnis: die eminente Bedeutung persönlicher Freundschaften zur Überwindung von Abgrenzung, Fremdheitsgefühlen und damit auch gesellschaftlicher Spaltungen. An diesem Punkt ist er eindeutig und versteht folglich seinen Text auch als Plädoyer für Freundschaft als politisches Konzept.

Mit seiner thematischen Ausrichtung fügt sich der Band optimal in die Reihe *Relationen. Essays zur Gegenwart* ein. In der Reihe erscheinen Essays, die sich mit ganz unterschiedlichen Themen aus dem politischen, künstlerischen und kulturellen Spektrum beschäftigen sowie politische Auseinandersetzungen und Praktiken der Gegenwart in den Blick nehmen. Das verbindende Element der Reihe ist bei aller thematischen Breite immer der politische Gegenwartsbezug.

Das vorliegende Essay wurde im Winter 2016/2017 abgeschlossen. Seitdem hat sich vieles getan, auf das nur am Rande eingegangen wird. Während sich die Diskussion über Obergrenzen im Schatten des Erfolgs der AfD bei der Bundestagswahl im

September 2017 zugespitzt hat, entwickeln sich Freundschaften weiter. Die Menschen aus Syrien, Afghanistan und dem Irak kommen an: Sie finden Wohnungen, Arbeit, Studienplätze; ein Syrer wurde sogar SPD-Mitglied. Auf dem *fremdefreundeblog. wordpress.com* schreibt Joachim C. Häberlen weiter über diese Freundschaften und Politik.

David Jünger, Jessica Nitsche und Sebastian Voigt
Brighton / Düsseldorf / München, Januar 2018

I. Nächtliche Begegnungen

Berlin, Dezember 2015. Seit Monaten herrscht auf und vor dem Gelände des Landesamts für Gesundheit und Soziales (LAGeSo) Chaos. Hunderte Flüchtlinge kommen jeden Tag dorthin, um die in bar ausbezahlte finanzielle Unterstützung zu erhalten. Andere kommen, da sie eine neue sogenannte Kostenübernahme für einen Schlafplatz in einer der rasch improvisierten Notunterkünfte benötigen, oder einen Krankenschein, der ärztliche Behandlung ermöglicht. Gleichzeitig treffen jeden Tag mehrere Hundert Flüchtlinge neu ein, die sich zuerst am LAGeSo registrieren müssen. Sie warten dann den ganzen Tag über, bis abends Busse kommen, die sie zu den zu Notunterkünften umfunktionierten Turnhallen bringen. Im Oktober und November fahren die Busse teils erst nach Mitternacht ab. Zeitweise gibt es auch einfach nicht genügend Schlafplätze, so dass die Menschen in den zwar beheizten, aber stickigen und vermüllten Zelten übernachten müssen. Während jene in Zelten warten, stehen draußen jede Nacht ab zehn Uhr abends zwischen 400 und 500 Menschen an, die am nächsten Tag einen Termin in der Behörde haben. Allerdings kann die Behörde nur zwischen 120 und 150 Menschen ‚abarbeiten‘ – die genauen Zahlen sind unklar, aber es sind dramatisch weniger Menschen als jene, die dort eigentlich einen Termin haben. Also versuchen die Menschen möglichst weit vorne in den nach Männern und Frauen (mit Familien) getrennten Schlangen zu stehen. Um vier Uhr morgens öffnet der Sicherheitsdienst die Gitter, um den Wartenden Zugang zum Gelände zu gewähren. In diesem Moment rennen alle los, klettern über improvisierte Absperrgitter. Die Sicherheitsleute und die manchmal anwesende Polizei werden einfach überrannt. Manchmal dürfen Männer zuerst rennen, manchmal Frauen und Familien. Dann sprinten Frauen mit Kinderwagen die wenigen Hundert Meter, um vorne in der Schlange zu stehen, bis um acht Uhr das Gebäude selbst eröffnet wird.

Im Herbst und Winter 2015/2016 waren wir jede Nacht vor dem LAGeSo: eine kleine Gruppe von Freiwilligen, Deutsche und Geflüchtete aus Syrien, Afghanistan und Pakistan. Wir sprachen mit den Menschen, wir erklärten ihnen die Bedeutung deutscher Papiere und schauten, ob sie sich wirklich anstellen mussten. Und vor allem vermittelten wir private Schlafplätze an all jene, für die keine von offizieller Seite bereitgestellten Betten mehr vorhanden waren. In einigen Nächten brachten wir so 200 Menschen unter, in Familien und Wohngemeinschaften in ganz Berlin. Sie öffneten ihre Türen fremden Menschen, allein reisenden Männern ebenso wie Familien mit mehreren Kindern, damit diese nicht auf der Straße oder in Zelten übernachten mussten.

Es waren schreckliche Nächte, für uns, und noch viel mehr für die Menschen, die teils mehrere Nächte und Tage hintereinander warteten, immer in der Hoffnung, ins LAGeSo selbst vorzudringen. Ich erinnere mich an eine Nacht Anfang Dezember, als gegen drei Uhr morgens ein Mann und eine Frau mit zwei kleinen Kindern aus dem Taxi stiegen. Erst hielt ich sie für ein Ehepaar und wollte der Frau sagen, sie könne mit ihren Kindern in der Unterkunft warten, denn nur ein Familienmitglied musste anstehen. Aber es stellte sich schnell heraus, dass der Mann die Frau nur begleitet hatte. Ihr Ehemann und Vater der beiden Kinder war tot. Ich sah die Dokumente der Familie: der ältere der beiden Jungen war anderthalb Jahre alt, der jüngere fünf Wochen. Immerhin konnten sie im beheizten Zelt warten, und ich hoffte, dass sie als Härtefall als erste an die Reihe kommen würden. Aber auch sie mussten nachts warten, um eine Chance im Berliner Verwaltungschaos zu haben. Wenn die Menschen morgens um vier auf das Gelände stürmten, hatte wir die 112 schon gewählt. Die Frage war nur, wie viele Rettungswagen wir für die im Gedränge Verletzten rufen mussten. Eine Polizistin fragte mich eines Nachts erschüttert, wie wir das aushielten, sie könne nicht mehr nach einer Nacht. Es waren intensive Nächte, aber manchmal auch lustige, zum Beispiel, wenn wir uns mitten in der Nacht mit jungen Flüchtlingen über die surreal anmutende Situation unterhielten oder mit ihnen über Frisuren und Piercings scherzten.

In einer dieser Nächte, Anfang Dezember 2015, lernte ich Mariam aus Afghanistan kennen.[1] Sie war mit ihrer Familie in eines der Zelte gekommen, und es war eine große Familie: ihre 65-jährige Mutter, ihre Schwester und Cousine und zwei Tanten, die jeweils mit Mann und vier beziehungsweise fünf Kindern da waren. Mariam, damals 24 Jahre alt, war die einzige von ihnen, die Englisch sprach. Ich versuchte herauszubekommen, warum sie überhaupt hergekommen waren. Zunächst schien es so, als seien sie gerade in Berlin angekommen und müssten eigentlich in eine Notunterkunft. Aber irgendwann erklärte mir Mariam, dass dies nicht die Wahrheit sei. Sie waren schon einige Tage in Berlin, in einer Turnhalle untergebracht und warteten nun auf ihre offizielle Registrierung. Diese Registrierung als Asylbewerberinnen war deshalb wichtig, weil sie nur dann einen Krankenschein bekamen, so dass ihre krebskranke Mutter zum Arzt konnte. Aber die Berliner Behörden kamen mit der Registrierung nicht hinterher. Eigentlich sollten die Menschen in ihren Unterkünften warten, bis ein Bus kommen und sie zur Registrierung bringen würde. Allerdings konnte dies mehrere Wochen dauern. Irgendwo hatten Mariam und ihre Familie das Gerücht aufgeschnappt, früh morgens käme ein Bus zum LAGeSo, der die dort Wartenden zur Registrierung bringen würde. Also wollten sie die Nacht am LAGeSo verbringen, um morgens diesen Bus zu erwischen. Wir wussten, dass es diesen Bus nicht gab. Ich bemühte mich, es ihnen zu erklären, aber sie wollten ihr Glück versuchen und blieben,

---

1 Die Namen von Personen, die nur mit Vornamen bezeichnet werden, sind erfunden. Mariam weiß, dass ich dieses Buch schreiben wollte. Sie wünschte sich, dass Leserinnen und Leser danach gut über unsere Freundschaft – *Afghani sister and German brother*, schrieb sie – denken. Ich hoffe, dies ist mir gelungen. Omar und Jana haben die Passagen über sich gelesen.

die Kinder auf dem Zeltboden liegend. Irgendwann gab ich auf, aber redete noch ein wenig mit Mariam. Ich erläuterte ihr, dass wir nicht für das LAGeSo arbeiteten, sondern nur als freiwillige Helfer da waren, für die Menschen, aber nicht für das LAGeSo. Zum Ende hin fragte ich nach ihrem Facebookprofil, denn ich wollte wissen, ob der Bus am nächsten Morgen gekommen war. Es kostete mich eine gewisse Überwindung, eine junge geflüchtete Frau dies zu fragen. Einige junge geflüchtete Männer hatte ich kennengelernt, auch wenn ich damals zögerte, sie als meine Freunde zu bezeichnen. Mariam war die erste geflüchtete Frau, mit der ich auf Facebook Freundschaft schloss. Sie schaute mich ein wenig überrascht an, ihre Cousine kicherte etwas, aber dann gab sie mir den Namen ihres Facebookprofils. Und dann konnte ich in mein eigenes Bett, während Mariam und ihre Familie auf den angeblich kommenden Bus warteten.

Als ich Mariam dann über Facebook anschrieb, antwortete sie nicht, aber sie sah sich offensichtlich mein Facebookprofil an, denn sie mochte zahlreiche Posts, auch jene auf Deutsch, die sie kaum verstehen konnte. Unter einem der Posts schrieb sie einen Kommentar und erzählte, dass der Bus (natürlich – wir hatten es ja gesagt) nicht gekommen war. Schließlich tauschten wir Nummern aus, so dass wir über Viber kommunizieren konnten, ein Chatprogramm, das bei Afghanen beliebt ist. Seitdem schrieben wir uns jeden Tag, mal kurz, mal viele Stunden lang. Hin und wieder sahen wir uns, fast immer in Begleitung ihrer Schwester oder Cousine, vor allem, wenn ich sie zu Ämtern oder zu einem Deutschkurs begleitete. Zunächst unterhielten wir uns über bürokratische Probleme, wie etwa die lang ersehnte Registrierung passieren könne. Später half ich der Familie in einer relativen guten Notunterkunft zu bleiben, als sie eigentlich in eine Turnhalle umziehen sollte. Schließlich fand ich auch einen Deutschkurs, den Mariam besuchen konnte. Aber wir unterhielten uns auch – das heißt, wir schrieben miteinander – über das Leben in Deutschland, über unseren Alltag, über Liebesdramen, wir scherzten und lachten. Mariam und ich wurden Freunde.

II. Hoffnung in Zeiten der Angst

Als Mariam in Berlin ankam, war sie eine Fremde. Zwar konnte sie etwas Englisch, was in Berlin viel hilft, aber sie sprach kein Wort Deutsch. Das bunte und offene Berlin, das Berlin, in dem sich Menschen auf der Straße küssen und zumindest im Sommer auch viel Haut zeigen, in dem sich Männer und Frauen umarmen und die Hand geben, war ihr fremd. Uns trennten Welten. Sie ist eine strenggläubige Muslima; als Atheist, ein Konzept, das ich ihr erklären musste und das für sie zunächst auch keinen Sinn ergab, habe ich mit Religion nicht viel am Hut. Sie wuchs in einer patriarchalen Gesellschaft auf, in der junge Frauen keine Freiheiten haben – so zumindest schilderte sie mir die Lage in Afghanistan; andere Afghanen zeichneten ein wesentlich differenzierteres Bild. Ihre Schwester wurde mit 13 Jahren verheiratet, während sie immerhin Jura studieren konnte, was mich beeindruckte. Sie musste vor den Taliban aus der Gegend um Kundus fliehen, als diese im Herbst 2015 ihr Dorf überrannten und das Haus der Familie niederbrannten. Sie hatte Krieg und Gewalt erlebt, was ich nur aus dem Fernsehen kannte. Wir hatten vollkommen unterschiedliche Einstellung zu Sexualität und Beziehungen, und nicht zuletzt unterschiedliche Lebensrealitäten. Ich unterrichtete an einer englischen Universität Geschichte und pendelte immer wieder nach Berlin; sie lebte in einer Notunterkunft für Flüchtlinge. Und doch wurden aus Fremden gute Freunde.

Wie aus Fremden Freunde werden können, darum geht es in diesem Buch. Die Motivation, über Freundschaften zwischen Geflüchteten und Deutschen zu schreiben, ist zunächst eine persönliche. Mariam beeindruckte mich, ebenso wie ich die

Freundschaft mit ihr beeindruckend fand und finde. Ich will auch für sie schreiben. Mich veränderten die Nächte vor dem LAGeSo und die Freundschaften, die ich dort schloss, mit Mariam und anderen, eine Erfahrung, von der auch andere Aktive berichteten. Sie ließen mich hoffnungsvoll zurück. Wäre ich den Einlassungen so mancher Kommentatoren, unter ihnen viele namenhafte Historiker, gefolgt, so hätte ich mir große Sorgen um die Zukunft Deutschlands und seiner freien Gesellschaft machen müssen. Aber mein Grundgefühl war, trotz des Chaos, das sich jede Nacht vor dem LAGeSo abspielte, ein anderes, ein zuversichtliches. Mit dieser Zuversicht im Kopf ist dieses Buch geschrieben.

Damit ist die Motivation für dieses Buch auch eine politische. Nach dem Amoklauf in einem Münchner Einkaufszentrum im Juli 2016, bei dem, wie sich herausstellte, ein rechtsextremer Täter neun Personen, die meisten mit sogenanntem Migrationshintergrund, erschoss, öffneten zahlreiche Münchner Fremden, die in der Stadt gestrandet waren, weil der öffentliche Nahverkehr eingestellt und Straßen gesperrt wurden, ihre Türen. In der *Frankfurter Allgemeinen Zeitung* (*FAZ*) kommentierte Jasper von Altenbockum diese Offenheit: „Wenn Wildfremde Vertrauen zueinander fassen, gibt es ganz offenbar etwas, das stärker ist als die Angst vor Verbrechen, vor Terror, vor Amok." Von Altenbockum sah in diesen Akten „eine Antwort an alle, die glauben, wer sich fremd sei, der könne nicht miteinander leben." Ihm war die Reaktion ein Zeichen gegen Angst: „Es gibt keinen Grund zur Unruhe, schon gar nicht für Angst und Panik, erst recht nicht für Schrecken."[2] Es ist vielleicht bezeichnend, dass sich kein entsprechend argumentierender Artikel in der konservativen Tageszeitung fand, der das private Aufnehmen von Geflüchteten als politisches Zeichen einer starken Gesellschaft verstand. Die Freundschaften zwischen ‚neuen' und ‚alten'

2 Jasper von Altenbockum: Amoklauf in München. Wenn Wildfremde Vertrauen zueinander fassen. In: *FAZ*, 23.07.2016. http://www.faz.net/ aktuell/politik/inland/amoklauf-von-muenchen-wenn-wildfremde-vertrauen-zueinander-fassen-14354123.html (Zugriff am 28.09.2017).

Berlinern, zwischen Geflüchteten und Deutschen – eine Kategorisierung, mit der viele nicht glücklich sind – sind ebenso ein Zeichen dafür, dass ein sogar freundschaftliches Zusammenleben zwischen Fremden funktionieren kann. Freundschaften, insbesondere zwischen Fremden, brauchen Vertrauen, Vertrauen das sich bilden muss, aber das sich nur bilden kann, wenn Angst überwunden wird. Und gleichzeitig sind diese Freundschaften ein Zeichen gegen Angst. Wenn die offenen Türen in München ein „Wink an alle Terroristen und Extremisten, an alle Psychopathen und Scharfmacher" waren, dann sind die Freundschaften zwischen Geflüchteten und Deutschen ein Wink an jene, die sich angesichts des hunderttausendfachen Zuzugs von Flüchtlingen aus Syrien, Afghanistan und dem Irak solch große Sorgen um dieses Land machen, an all jene, die von Grenzen der Aufnahmefähigkeit reden und den „Untergang des Abendlands" beschwören. Freundschaften sind gleichsam die praktizierte Antwort auf die Sorgen vor gesellschaftlichen Spaltungen, wie sie nach der Bundestagswahl 2017 allenthalben geäußert werden.

Von Freundschaften ist in den öffentlichen Debatten über Integration von Flüchtlingen selten die Rede. Dann geht es um Spracherwerb, um Chancen auf dem Arbeitsmarkt, um Kenntnisse der deutschen Rechtsordnung und deren Einhaltung. Es geht vielleicht um das Befolgen sozialer und kultureller Normen, etwa, dass sich auch Männer und Frauen die Hand geben. Befolgen Geflüchtete diese Regeln, bemühen sie sich erfolgreich um den Spracherwerb und um einen Job, dann gelten sie als integriert. Freundschaften und andere soziale Beziehungen mit Deutschen spielen dabei nur insofern eine Rolle, als sie Flüchtlingen bei der geforderten Integration helfen können. Wer im Fußballverein mit Deutschen spielt oder Weinkönigin in der Pfalz wird, passt sich leichter an die ‚deutsche Leitkultur' an, so die gängige Vorstellung. Wer mit Deutschen befreundet ist, lernt vermutlich leichter Deutsch, hat vielleicht Hilfe bei der Jobsuche, wird sich vielleicht leichter über deutsche Alltagsnormen informieren, wird vielleicht weniger anfällig sein für radikale Ideologien – vielleicht. Freundschaften können bei der Integration helfen, aber sie haben aus dieser Perspektive keinen Eigenwert, nicht zuletzt deshalb, weil es dabei nur um Flüchtlinge und deren Integration geht.

Es ist ein merkwürdig funktionalistisches Verständnis von Integration, das sich letztlich vor allem am Erfolg auf dem Arbeitsmarkt misst. Gesellschaftlicher Zusammenhalt, Vertrauen zueinander, gar Solidarität, all das, worauf die Reaktionen in München basierten, spielen offenbar keine Rolle, wenn es um Integration geht. Hinter einem solchen Verständnis von Integration steht ein nicht minder bemerkenswertes Verständnis von Gesellschaft und gesellschaftlicher Partizipation, schließlich geht es bei der Integration ja um die Integration in die Gesellschaft. Unausgesprochen wird die Gesellschaft als Arbeitsmarkt betrachtet, die Menschen – mit leichter Ironie ließe sich ja anmerken, dass diese Sicht auf die Gesellschaft gut marxistisch ist – als Träger und Produzenten ihrer Ware Arbeitskraft, die sie erfolgreich zum Verkauf anbieten müssen. Das klappt besser, wenn sie Deutsch können und sich nicht scheuen, Männern und Frauen im Job die Hand zu reichen. Wird der Blick vom Sozialen aufs Politische gerichtet, auf die *Polis*, das *politische* Gemeinwesen, wird vor allem in juristischen Kategorien gedacht. Von Flüchtlingen, wie eigentlich von jedem anderen Bürger und jeder anderen Bürgerin auch, wird Gesetzestreue erwartet (von Flüchtlingen, die ein angebliches „Gastrecht" genießen, noch ein bisschen mehr). Vom Staat wird erwartet, dass er für Recht und Ordnung sorgt. Bricht der Staat seine eigenen Gesetze, wie es ihm manche namenhaften Juristen in der ‚Flüchtlingskrise' vorwarfen, als die Bundesregierung die Grenzen öffnete, so ist Deutschland in Gefahr.

Von jenem „Vertrauen in Wildfremde", das von Altenbockum nach dem Amoklauf in München als Stärke der Gesellschaft lobte, ist in diesen Debatten nicht die Rede. Es lässt sich kaum juristisch fassen, es wäre vielleicht zu ‚warm'. Der Begriff ist bewusst gewählt. Denn in Integrationsdebatten ist kühle Analyse gefragt. „Eisberg in der Wohlfühlzone", so titulierte die

FAZ einen Bericht über Ruud Koopmans, der sich in Berlin Kritik – in der Diktion der *FAZ* „Anfeindungen" – von Studierenden gegenüber sah.[3] Koopmans, den die *FAZ* zum „Islamforscher" machte, ist Direktor am Wissenschaftszentrum Berlin, wo er die Abteilung Migration, Integration, Transnationalisierung leitet. Der Überschrift des *FAZ*-Artikels zufolge zeigen seine Studien, wie Integration funktioniert. In der Diskussion um Koopmans' Thesen, den die *FAZ* auch sonst gerne zu Wort kommen lässt, lernt man dann, dass seine Perspektive vor allem „arbeitsmarktsoziologisch" ist. Er fragt, wie ein „kalter Eisberg", ob muslimischen Migranten und Migrantinnen der Zugang zum Arbeitsmarkt gelingt und warum dies oft scheitert. Koopmans' Analysen zufolge liegt dies kaum an Diskriminierungen, die es natürlich auch gebe, sondern an mangelnder Sprachkompetenz, mangelnder Qualifikation und auch, bei Männern, an mangelndem Respekt gegenüber Frauen – so zumindest die Darstellung der *FAZ*. Solche Thesen, so der Autor des Artikels Gerald Wagner, „ragen in die aktuelle politische Debatte wie ein kalter Eisberg in die Wohlfühlzonen der deutschen Willkommenskultur." Die Gesellschaft müsse sich fragen, ob sie einen solchen „Klimawandel" für wünschenswert halte; Wagner würde sich wohl darüber freuen, auch wenn er es nicht ausspricht.

Mir geht es hier nicht um die Qualität der Arbeiten Koopmans'. Sie werden in angesehenen wissenschaftlichen Zeitschriften veröffentlicht, und ich bin sicher, dass sie den Qualitätsstandards seines Fachs, der Soziologie, entsprechen. Mir geht es um die Perspektive auf die Gesellschaft, die sich zumindest in der Darstellung Wagners wiederspiegelt, eine Perspektive, die sich grundlegend von jener unterscheidet, die aus Jasper von Altenbockums Kommentar spricht. Das Vertrauen zueinander, das gerade im Moment der Angst wirksam wird und

---

3 Gerald Wagner: Islamforscher am Pranger. Eisberg in der Wohlfühlzone. In: *FAZ*, 27.07.2016. http://www.faz.net/aktuell/feuilleton/debatten/berliner-studenten-werfen-ruud-koopmans-nationalismus-vor-14357049.html (Zugriff am 28.09.2017).

jene überwindet, lässt sich nur schwerlich mit kühler Analytik messen, es lässt sich nicht, wie Erfolg am Arbeitsmarkt, in Zahlen packen. Und doch ist das Vertrauen zueinander, das es in München gab, überaus real und wirkmächtig; von Altenbockum bemerkte das (auch wenn man sich fragt, warum die offenen Türen in Berlin, als Berliner ganze Familien bei sich schliefen ließen, mit denen sie nicht einmal in einer gemeinsamen Sprache kommunizieren konnten, nicht entsprechend gewürdigt wurden, sondern allzu schnell als Wohlfühloase der Willkommenskultur abgetan wurden). Um es zugespitzt zu formulieren: Mit Koopmans lässt sich über Integration in Kategorien des letztlich ökonomischen Erfolgs nachdenken; mit von Altenbockum könnten wir über ein Zusammenleben nachdenken, das sich solchen Kategorien entzieht, das auf Vertrauen und Solidarität aufbaut. Die Freundschaften, um die es in diesem Buch geht, legen ein Zeugnis von den Möglichkeiten eines solchen Zusammenlebens „Wildfremder" ab, wobei es sich bei diesen Fremden, das sei angemerkt, keineswegs per se um Flüchtlinge handeln muss. Das macht Freundschaften politisch, ebenso wie die gemeinsam getrunkenen Tees in München politisch waren. Freundschaften bilden Vertrauen, überwinden Differenzen, ermöglichen Austausch. Integration steht gleichwohl nicht im Mittelpunkt, wenn Integration als Anpassung einer ankommenden Minderheit an die Mehrheitsgesellschaft gedacht wird. Es geht, das mag trivialer klingen, als es ist, um das Zusammenleben, genauer, um ein *gutes* Zusammenleben. Die Freundschaften, die ich geschlossen habe und von denen mir andere berichteten, lassen mich optimistisch sein, dass ein Zusammenleben in gegenseitigem Vertrauen und Solidarität jenseits von Angst und Schrecken gelingen kann – trotz aller Differenzen, trotz aller Schwierigkeiten.

Um hier einem möglichen Missverständnis vorzubeugen: Wenn sich der Blick auf Freundschaften richtet, dann soll damit nicht behauptet werden, Spracherwerb und Zugang zum Arbeitsmarkt seien unwichtig. Natürlich ist es wichtig, dass hier ankommende Menschen Deutsch lernen, um sich im Alltag verständigen zu können, aber auch um arbeiten zu können; und natürlich ist es wichtig, dass sie Arbeit finden, weil ihnen dies ein unabhängiges Leben ermöglicht (und, ja, weil es die Sozialkassen entlastet). Als Freundinnen und Freunde helfen wir oft dabei, Sprachkurse zu finden oder Lebensläufe für Bewerbungen zu schreiben; wir begleiten Menschen zur Ausbildungsberatung, unterstützen Familien bei der Suche nach einem Kitaplatz, schauen uns nach Schulplätzen um. Wir organisieren Sprachcafés, in denen Menschen in gemütlicher Atmosphäre Deutsch lernen können. Aber auch wenn die Kommunikation manchmal schwierig ist, wenn wir uns (zu) oft auf mehr oder weniger gebrochenem Englisch unterhalten, wenn unsere Freundinnen und Freunde keine Arbeit finden, so tut dies Freundschaften keinen Abbruch.

Es wird in diesem Buch immer wieder um Mariam und meine Freundschaft mit ihr gehen. Aber sie ist nicht die einzige geflüchtete Person, mit der ich mich angefreundet habe. Und natürlich haben sich andere Deutsche mit anderen Geflüchteten angefreundet. Um ihre Geschichten zu erfahren, habe ich im Sommer 2016 mit einigen von ihnen Interviews geführt, sowohl mit Geflüchteten als auch mit Deutschen. Ihre Geschichten bilden zusammen mit meinen eigenen Erfahrungen die Grundlage dieses Buchs. Diese Geschichten bieten natürlich keine ‚harten‘ Zahlen. Ich weiß nicht, wie viele Flüchtlinge deutsche Freundinnen oder Freunde gefunden haben. Man mag einwenden, dass eben jene Flüchtlinge in den Blick kommen, die Deutschen gegenüber besonders aufgeschlossen sind, die sich nicht ‚abkapseln‘ wollen. Widerlegen lässt sich dies nicht, aber die meisten Menschen, die wir nachts vor dem LAGeSo ansprachen, waren offen; Gleiches gilt für jene, mit denen ich mich in einer Notunterkunft unterhielt. Auch wenn die verschiedenen Geschichten über Freundschaften, die dieses Buch erzählt, kein repräsentatives Bild ergeben – außerhalb von Berlin mag die Situation anders aussehen – so zeichnen sie doch ein Bild, das mehr als anekdotisch ist.

Vor allem aber erlauben die Geschichten einen Blick aufs Detail. Nur mit Blick fürs Detail lassen sich Ambivalenzen und Widersprüche sehen, lassen sich auch Veränderungen im Kleinen erkennen, die Freundschaften bewirken, sowohl bei Deutschen wie bei Geflohenen. Deshalb geht es in diesem Buch auch nicht um ‚die Syrer‘, um ‚die Afghanen‘, um ‚die Iraker‘ oder um ‚die Deutschen‘. Es geht um vielfältige und oft widersprüchliche Beziehungen zwischen Menschen aus Syrien, Afghanistan, dem Irak und Deutschland. Die Geschichten, die mir erzählt wurden, aber auch die Freundschaften, die ich selbst geschlossen habe, zeigen einen Prozess, der alles andere als geradlinig verläuft. Freundschaften bestehen nicht einfach so. Eine Freundschaft muss vielleicht nicht jeden Tag, aber immer wieder aufs Neue geschaffen und hergestellt werden. Nur in der Praxis stellt sich emotionale Intimität und soziales Vertrauen her, das für Freundschaften so wichtig ist. Diese Praxis und vor allem ihre Dynamik lassen sich kaum mit Fragebögen untersuchen, die höchstens Schnappschüsse von Einstellungen erfassen, nicht aber, wie sich Einstellungen verändern, wie Menschen auf andere Meinungen und Kritik reagieren, wie sie auch mit eigenen Widersprüchen umgehen. Ein Beispiel mag dies illustrieren.

Im November 2016 publizierte die Hochschule für Medien, Kommunikation und Wirtschaft eine Studie zu „Demokratieverständnis und Integrationsbereitschaft von Flüchtlingen". Laut der Studie bewertet die überwiegende Mehrheit der Flüchtlinge die Demokratie positiv. Allerdings ähnle das „Wertebild der Flüchtlinge" in „zentralen politischen Teilen am ehesten dem der AfD-Anhänger". So sahen die Autorinnen und Autoren signifikante Defizite beim Demokratieverständnis. Knapp vierzig Prozent der befragten Flüchtlinge stimmten beispielsweise der Aussage zu, Künstler dürften sich nicht über Politiker lustig machen. Auch die Haltung zu „außerehelichem Sex, zu interreligiösen Ehen oder zur Homosexualität" erinnerten, so die Studie, an die „bundesdeutsche Gesellschaft" der 1950er Jahre.[4] Viele, wenn auch nicht alle, der Geflüchteten, mit denen ich mich unterhielt, bestätigten diesen Eindruck, zumindest auf den ersten Blick. Denn die Gespräche endeten eben nicht damit. Immer wieder wurde ich nach den ‚Regeln‘ in Deutschland gefragt. Manches fanden die meist jungen Menschen aus Syrien, dem Irak und Afghanistan gut, manches fanden sie weniger gut, und oft sagten sie, dass es dauere, sich an das Neue zu gewöhnen. Auf einer Autofahrt sprach ich mit einem jungen Syrer, der gerade dabei war, Charles Darwin zu lesen. Von seiner Evolutionstheorie war er nur zu 95 % überzeugt, wie er mir erklärte, denn ganz ließ sie sich nicht mit seinem Glauben vereinbaren. Er war wohl auch in Kirchen gegangen, wenn ich ihn richtig verstand, um sich mit Pfarrern darüber zu unterhalten, weshalb es drei Religionen – Judentum, Christentum, Islam – gibt, die doch alle an den gleichen Gott glauben. Ich weiß nicht, was er die Pfarrer genau fragte, aber er suchte wohl den Dialog. Nur die Antworten der Pfarrer enttäuschten ihn, und so ging er wieder. Schließlich kam das Gespräch auf Verschleierungen. Seine Schwestern und Freundinnen in Berlin trugen entweder ein Kopftuch oder gar keine Kopfbedeckung. Und das war auch in Ordnung, wie er betonte; jede Frau sollte selbst entscheiden, ob sie ein Kopftuch tragen möchte oder nicht. Aber er selbst wollte eine Frau mit „richtiger" Verschleierung, wie er es nannte, heiraten, also mit vollständig bedecktem Gesicht. Ich war ein wenig schockiert und fragte ihn nach den Gründen. Allah wolle es, antwortete er. Ich wollte ihn noch fragen, was denn wäre, wenn er sich in eine deutsche Frau (ohne Kopftuch und Verschleierung) verlieben würde, denn bei einem früheren Gespräch hatte er gemeint, deutsche Frauen seien schon besser, aber leider war die Fahrt

4 Hochschule für Medien, Kommunikation und Wirtschaft (Hrsg.): *Flüchtling 2016. Studie der HMKW zu Demokratieverständnis und Integrationsbereitschaft von Flüchtlingen 2016.* Berlin, August 2016. http://docplayer.org/25365027-Fluechtlinge-studie-der-hmkw-zu-demokratie verstaendnis-und-integrationsbereitschaft-von-fluechtlingen-berlin-august-2016.html (Zugriff am 28.09.2017), S. 2, 9, 12.

und damit unser Gespräch zu Ende. Doch bevor er ausstieg, sagte er noch zu mir: „Das denke ich jetzt. In sechs Monaten denke ich vielleicht anders."

Einstellungen sind nicht fixiert, sie wandeln sich. Auch Mariam sagte immer wieder, gerade die ältere Generation brauche Zeit, bis sie ‚deutsche Regeln‘ verstehe und akzeptiere. Wenn auf Fragebögen nach Meinungen und Werten gefragt wird, bleibt dieser manchmal widersprüchliche Prozess im Verborgenen. Entscheidend wäre aber, diesen selten geradlinig verlaufenden Prozess in den Blick zu bekommen. In Freundschaften lässt sich dies beobachten, denn sie führen dazu, dass man mit anderen Einstellungen konfrontiert ist, eigene Haltungen hinterfragt und andere versteht, wenn auch nicht unbedingt akzeptiert. Dabei geht es nicht darum, dass man dies tun müsse; man tut es einfach in Freundschaften, auf die ein oder andere Art und Weise. Dies gilt übrigens sowohl für Geflüchtete als auch für Deutsche.

In den Gesprächen, die ich mit Mariam ebenso wie mit anderen deutschen und geflüchteten Freundinnen und Freunden führte, tauchten viele Themen auf. Es ging um persönliche Erfahrungen mit Deutschen und Flüchtlingen, es ging um das Alltagsleben in Deutschland, es ging um Liebe und Sexualität, um Kindererziehung, aber auch um politische Fragen, um das Leben und die Situation in Syrien, in Afghanistan ebenso wie in Deutschland, es ging um Differenzen wie auch um Gemeinsamkeiten; es gab erbitterte Streitgespräche und lustigen Smalltalk im Alltag. Niemand behauptet, dass solche Freundschaften einfach sind; aber das wird für alle Freundschaften gelten. Vertrauen wird missbraucht und Konflikte lassen sich nicht immer lösen. Hieraus schnell auf eine ‚Integrationsverweigerung‘ zu schließen, von der oft die Rede ist, wäre gänzlich verfehlt. Oft sind es schlicht die gewöhnlichen Probleme, die es in Freundschaften gibt. Nicht zuletzt gibt es eine strukturelle Ungleichheit in den Freundschaften zwischen Deutschen, die eine Wohnung und einen Job haben, die nicht mit der deutschen Sprache kämpfen müssen und die vor allem nicht um ihren Aufenthaltsstatus bangen müssen, und Flüchtlingen, die in Notunterkünften leben, sich nur mit Mühe mit den Mitarbeitern in den Behörden verständigen können und deren Aufenthaltsstatus oft unsicher ist. Auch von diesen Problemen soll in diesem Buch die Rede sein.

III. Fremdheitserfahrungen

Kurz nachdem wir uns kennenlernten, im Dezember 2015, zog Mariam mit ihrer Familie, das heißt, mit ihrer Mutter, ihrer Schwester, ihrer Cousine, sowie der Tante und deren Ehemann und vier Kindern, in eine kürzlich eröffnete Notunterkunft in der Nähe des Potsdamer Platzes. Die Unterkunft befindet sich in einem ehemaligen Hotel, was dazu führt, dass Familien alleine in einem Zimmer untergebracht sind, sogar ihr eigenes Bad haben – eine Situation, die sich nicht mit den Lebensumständen in einer Turnhalle vergleichen lässt, wo viele Geflüchtete mehrere Monate leben mussten. Nachdem wir uns zunächst vor allem über bürokratische Fragen unterhalten hatten, fragte ich Mariam, wie ihr denn Berlin gefalle, was sie mag und was sie nicht mag. Den Potsdamer Platz mochte sie, auch den damals stattfindenden Weihnachtsmarkt. Sie muss dort eine Gruppe Mädchen beim Tanzen gesehen haben, was sie sehr lustig fand. Überhaupt findet sie manches an Deutschland zum Lachen. Als wir im August 2016 gemeinsam mit ihrer Cousine zur Anmeldung für eine Bildungsmaßnahme gingen, liefen wir in Kreuzberg am Standesamt vorbei, wo sich gerade eine Hochzeitsgesellschaft aufhielt. Die Kleidung der Gäste entsprach der alternativen Reputation des Stadtteils: schöne Kleider und auch Hemden, aber keine weißen Kleider und keine Anzüge mit Krawatten. Mariam fragte mich, was hier los sei. Als ich ihr erklärte, dass es eine Hochzeitsgesellschaft sei, schaute sie mich ungläubig an, brach dann in schallendes Gelächter aus und klärte ihre Cousine auf, die ebenfalls zu lachen anfing. Wie könnte man nur so gekleidet heiraten, ohne weißes Kleid und teils sogar in Jeans. Als ich meinte, ich würde auch so heiraten, wenn ich es denn tun sollte, erklärte sie mir, dann würde sie nicht zu meiner Hochzeit kommen. Der legere Kleidungsstil war für sie einfach nur absurd. Warum sollte man sich am ‚schönsten Tag des Lebens' – gut, Deutsche heiraten mehr als einmal im Leben, gab sie zu, und dann können ausufernde Feiern und teure Kleider schon ins Geld gehen – nicht auch besonders schön anziehen? Auch als sie dann erfuhr, dass ich mit meiner Freundin zusammenwohnte, ohne verheiratet zu sein, war sie schockiert, aber auch amüsiert: „Oh God. Hahaha, it's so funny", schrieb sie mir. Aber ich sei ja Deutscher und kein Muslim, da sei das schon in Ordnung. Und überhaupt, da wir zusammenlebten, seien wir ja schon Ehemann und Ehefrau. Damit gab es dann wohl auch moralisch nichts mehr zu beanstanden.

Aber nicht alles findet Mariam zum Lachen. Es gibt auch Dinge und Verhaltensweisen in Deutschland, die Mariam strikt ablehnt. Dass man sich auf der Straße küsst, gehört beispielsweise dazu, wie sie mir bereits im Dezember 2015 erklärte. Es sei ekelerregend. Natürlich widersprach ich ihr, es sei doch schön, wenn Menschen sich liebten und küssten; in Deutschland, fügte ich hinzu, sei es sogar in Ordnung, wenn Männer Männer und Frauen Frauen küssten, aber davon wollte sie nichts hören (dass es in Deutschland viele Gegenden gibt, in denen das nicht gerne gesehen wird, verschwieg ich geflissentlich). Das, so wandte Mariam ein, könne man doch zuhause tun, warum müsse es auf der Straße vor aller Augen und vor allem vor den Augen von Kindern passieren? Auch als ich ihr davon erzählte, dass viele meiner Freundinnen und Freunde mit Kindern zusammenlebten, ohne verheiratet zu sein, stieß dies nicht auf ihr Wohlwollen. Es sei für Kinder besser, wenn die Eltern verheiratet seien, eine Haltung, die sich im linksliberalen Milieu der ‚Helferinnen' (es sind in der großen Mehrzahl Frauen) wohl eher selten finden lässt.

Damit war das Gespräch aber nicht beendet; ich führte ja kein Interview mit ihr um Einstellungen zu erfragen, sondern unterhielt mich einfach. Nachdem ich ihr also erklärt hatte, dass ich durchaus anderer Ansicht bin, was das Küssen anbe-langt, fragte ich sie, ob sie es gut finde, dass man sich hier auf der Straße küssen dürfe, ob sie also die Freiheit etwas zu tun, das sie selbst nicht gut findet, schätze. Zumindest im Dezem-ber 2015 bejahte sie dies noch. Das, so sagte ich ihr, sei wichtig: dass andere etwas tun dürfen, auch wenn man es selbst nicht für richtig hält. Wir sollten noch häufiger über das Küssen reden, ebenso wie über Regeln in Deutschland. Immer wieder möchte Mariam von mir ‚deutsche Regeln‘ erklärt bekommen, und manchmal frage ich sie, welche Regeln sie erlassen würde; denn Regeln und Gesetze würde sie ja durchaus gerne erlassen. An dieser Stelle muss eine Anekdote erzählt werden.

Mariam hat in Afghanistan nicht nur Jura studiert, sondern dort auch für kurze Zeit als Anwältin gearbeitet – ein Studium, das ihr in Deutschland leider nicht viel helfen wird. Also fragte ich sie, als wir für einen Deutschkurs anstanden, was sie sonst gerne machen würde. Sie lachte nur und erklärte: „I just want to be king and just go shopping", woraufhin ich sie korrigierte, für Frauen müsse es *queen* heißen. Seitdem titulierte ich sie scher-zend als *Queen Mariam*, während ich zum *King* wurde. Die kurze Unterhaltung war nicht nur lustig, sondern führte in der Zukunft immer wieder zu interessanten Gesprächen, konnte ich sie doch fragen, welche Gesetze sie als Queen erlassen würde. Und so kam sie wieder auf das Küssen, das sie dann doch ver-bieten würde, was natürlich zu heftigem Widerspruch (und der Androhung einer Revolution gegen sie als Königin) meinerseits führte. Aber auch damit war das Thema nicht beendet. Mariam war, wie man das als Freundin eben ist, durchaus begierig, etwas über mein Liebesleben zu erfahren; sie wünschte mir – ich war damals noch Single – ja sehnlichst eine Freundin (und Ehefrau). Als ich ihr dann von einem schönen Date berichtete, freute sie sich natürlich für mich. Als ich aber hinzufügte, dass ich etwas gemacht hatte, was sie nicht gut finden würde, dass ich die Frau, die dann meine Freundin werden sollte, nämlich im Park geküsst hatte, sah sie sich wohl einem Dilemma gegenüber. Also sagte sie kurzerhand, sie erlaube es mir – als Queen könne sie das ja, was ich sehr nett fand. Auf meinen Einwand, sie solle das allen erlauben, schließlich würden andere Menschen auch gerne glücklich sein, zeigte sie sich großzügig und erlaubte es allgemein.

Warum ist eine solche Geschichte nicht nur unterhaltsam (Mariam und ich lachten jedenfalls viel dabei), sondern für Fragen des gesellschaftlichen Zusammenlebens wichtig? Hier prallen unterschiedliche Wertvorstellungen aufeinander. Darf man sich auf der Straße küssen? Darf man unverheiratet zusammenwohnen? Wenn es nach Mariam ginge: sicherlich nicht – oder zumindest manchmal nicht, denn auch ihre Einstellung hierzu ist alles andere als konsistent, denn mir würde sie es ja erlauben, wenn es mich glücklich macht, und dann vielleicht auch allen anderen. Ausschließlich zu notieren, dass meine afghanische Freundin aus deutscher Sicht sehr konservative Wertvorstellungen hat, wäre daher viel zu kurz gegriffen. Denn sie ist auch damit konfrontiert, dass ein guter Freund von ihr, ich selbst, nach ganz anderen Wertvorstellungen lebt, der entsprechend glücklich oder auch unglücklich ist, und an dessen Glück oder Leid sie, wie man das eben macht unter Freunden, durchaus Anteil nimmt. Sie billigt vielleicht nicht alles, was ich tue, aber sie freut sich, dass ich glücklich bin. Ob Mariam ihre Einstellung zum Küssen jemals ändern wird, ist dabei gar nicht so wichtig. Viel wichtiger ist, dass nicht nur sie, sondern wir beide über das Erlaubte und Verbotene nachdenken und es erklären müssen. Dass Mariam überhaupt mit mir über solche Dinge redete, war für sie ein großer Schritt; vor ihrem afghanischen Freund jedenfalls sollte ich es geheim halten. Ebenso wichtig ist es zu akzeptieren, dass man unterschiedlicher Ansicht und dennoch befreundet sein kann, ja, dass man auch mit unterschiedlichen Wertevorstellungen durchaus glücklich sein kann. Gerade dieses Aushalten von Differenzen macht eine gelebte Demokratie wie auch eine gelebte Freundschaft aus. Tatsächlich ist dies etwas, was für Mariam neu war: dass man unterschiedlicher Meinung sein kann, dass man diese unterschiedlichen Meinungen auch sagen und dennoch befreundet sein kann. Es ist übrigens auch eine für mich neue Erfahrung. In meinem sonstigen Alltag wäre ich wohl kaum mit jemandem befreundet, der solch konservative Einstellungen hat und für den Religion eine derart große Rolle spielt.

Mariam ist nicht alleine mit ihrer Ansicht, dass Küssen auf der Straße ungehörig sei. Einige der von mir interviewten jungen Männer aus Syrien und Afghanistan sahen dies ähnlich. Es war in jedem Fall etwas, was sie dort nicht erlebt hatten. Mit einem jungen, werdenden Vater aus Syrien, dessen Frau eine Tochter erwartete, sprach ich über seine Erfahrungen und Erwartungen in Deutschland. Auch für ihn waren junge Mädchen, die einen Freund hatten, ungewöhnlich; er fand es auch nicht gut. Die Aussicht, dass seine Tochter in dem entsprechenden Alter einen Freund haben könnte, machte ihm Angst. Wir unterhielten uns darüber, was er in einer solchen Situation als Vater machen könne. Er könne mit seiner Tochter reden und ihr seinen Standpunkt und seine Sorgen erklären, schlug ich vor. Er tat sich schwer mit einer Antwort. Er selbst berichtete von einem Bekannten, der angekündigt hatte, seine Tochter in einem solchen Fall in den Libanon zur dortigen Familie zu schicken, ein Schritt, den er selbst als zu drastisch empfand. Was er selbst tun würde, wusste er nicht. Er fragte mich auch, ob er akzeptieren müsse, dass seine Tochter auf Schulausflüge oder Exkursionen mit Übernachtungen geht, was ich bejahte, es sei schließlich wichtig, dass sie zum Teil der Klasse werde, dass sie auch den Umgang mit anderen Kindern und Jugendlichen, Jungen und Mädchen, lernen würde. Es war ihm anzumerken, dass er vor den Herausforderungen, die auf ihn als Vater einer Tochter zukamen, Angst hatte. Ein Sohn wäre ihm als erstes Kind lieber gewesen, gestand er, das sei einfacher. Seine Frau hingegen sah dies umgekehrt.

Auch er selbst hatte schon eine verstörende Erfahrung mit deutscher Körperlichkeit machen müssen. Eine deutsche Freundin hatte ihn zum Geburtstag umarmt und ihm einen Kuss auf die Wange gegeben, was danach zu heftigen Vorwürfen seiner Frau führte. Er wusste, dass man dies in Deutschland so macht, dass es normal ist unter Freunden, aber seine Frau müsse es noch lernen. All diese Fragen und Probleme stimmten ihn nachdenklich. Er war froh, mit einem Deutschen darüber sprechen zu können und er wünschte sich, mehr darüber sprechen zu können. Denn, so erklärte er mir, es brauche Zeit, die neuen Umgangsformen kennen und akzeptieren zu lernen. Manches würde er in der Zukunft auch akzeptieren können, beispielsweise dass sich Männer und Frauen die Hand geben, aber anderes würde ihm schwerer fallen, etwa dass seine Tochter einen Freund haben könne. Er befindet sich, und er ist sich dessen sehr bewusst, in einem Prozess mit offenem Ausgang.

Sexualität und Körperlichkeit sind Themen in vielen Gesprächen mit neuen Freunden. ‚Deutsche Umgangsformen' wirken befremdlich, manches an ihnen erscheint gut, anderes schlecht. Mariam bemerkte beispielsweise, dass Paare in Deutschland meist in etwa gleichaltrig sind, anders als in Afghanistan, wo der Mann oft viele Jahre älter als die Frau ist. Mariam sah darin etwas Gutes, bedeutete es doch auch ein weniger hierarchisches und potentiell weniger gewaltsames Verhältnis zwischen Männern und Frauen – Mariams Schilderungen zufolge ist Gewalt gegen Frauen in Afghanistan nämlich die absolute Norm. Dass beide Partner gemeinsam für die Kosten für Wohnung und Lebensunterhalt aufkommen, war für sie ungewohnt. In Afghanistan bezahle der Mann alles, und wenn die Frau arbeite, dann könne sie das verdiente Geld behalten und damit shoppen gehen, erklärte sie mir lachend: ein Modell, dem sie durchaus etwas abgewinnen konnte. Auf meinen Protest, dass dies etwas ungerecht sei, gab sie aber recht schnell zu verstehen, dass es schon besser sei, wenn sich Ehemann und Ehefrau gleichermaßen an gemeinsamen Kosten beteiligten. Denn wenn die Frau mitbezahlt, könne sie auch mitbestimmen.

Auch dass gerade junge Deutsche beiderlei Geschlechts oft in Wohngemeinschaften zusammenleben, ist für viele Flüchtlinge neu. Viele der Schlafplätze, die wir nachts vor dem LAGeSo gestrandeten Flüchtlingen vermittelten, befanden sich in WGs. Dass manche Flüchtlinge am nächsten Tag ein wenig verstört von ihrer Erfahrung in einer, vorsichtig ausgedrückt, etwas chaotischen Studenten-WG berichteten, rief bei uns nur Lachen hervor. In Wohngemeinschaften werden Flüchtlinge, gerade wenn sie mehr als nur eine Nacht dort verbringen, mit einem Lebensmodell konfrontiert, das für sie oft ungewöhnlich und manchmal auch problematisch ist, zumindest anfangs. Eine deutsche Freundin berichtete beispielsweise von drei jungen syrischen Männern, die etwa zehn Tage in ihrer aus zwei Männern und zwei Frauen bestehenden WG schliefen. Die jungen Männer stellten schnell Fragen, auch nach dem persönlichen Leben der Frau: Wo war ihr Mann? – Ihr Freund lebte in einer anderen Wohnung. Hatte sie keine Kinder? – Nein, hatte sie nicht. Und wo lebte ihre Familie? – Etwa 450 Kilometer entfernt, in Mainz. All dies stieß bei den jungen Männern auf Missfallen. Einen solchen Lebenswandel fanden sie nicht gut. Ob sie denn ihre Eltern und ihre Familie nicht liebe und ehre, fragten sie, weil sie so weit von ihnen entfernt lebte und vielleicht einmal in der Woche mit ihnen telefonierte. Nein, das sei kein Anzeichen für mangelnde familiäre Bindung, sondern einfach normal in Deutschland. Schließlich fragte einer der jungen Männer seine deutsche Gastgeberin, ob sie denn glücklich sei mit diesem Leben, fern von ihren Eltern, unverheiratet und kinderlos. Ja, glücklich sei sie, antwortete die Gastgeberin. Vielleicht war es für die jungen Männer schwer vorstellbar, dass man so glücklich sein könne, aber zumindest einer von ihnen erklärte: Dann ist es gut, und die beiden anderen nickten zustimmend. Vielleicht wurde es in diesem Moment vorstellbar, dass man auch anders ein glückliches Leben führen kann.

Die Episode zeigt übrigens auch, dass nicht nur ankommende Flüchtlinge mit einer neuen Welt und neuen Lebensweisen konfrontiert sind, die sie zum Nachdenken bringen, sondern dass die Begegnung mit dem Fremden auch Deutsche dazu bringen kann, über ihr eigenes Leben nachzudenken. Mit den engen familiären Bindungen der jungen syrischen Männer konfrontiert, die täglich mit der weinenden Mutter in Syrien sprachen, stellte sich auch meine deutsche Interviewpartnerin die Frage,

ob eine engere Bindung an die eigene Familie nicht erstrebens-
wert sei, eine Frage, die umso dringlicher erschien, da ihr Vater
an einer schweren Krankheit litt und sein Tod absehbar war.
Bedenkt man, dass in unserer Hochleistungsgesellschaft teils
gar familiäre Ereignisse wie Geburten oder Beerdigungen enger
Verwandter hinter beruflichen Verpflichtungen zurückstehen
(und zurückstehen müssen, wenn man Berichten aus dem
Bankensektor glaubt), ist diese Frage vielleicht nicht unberechtigt. Die jungen syrischen Gäste jedenfalls schüttelten manchmal nur den Kopf, wenn ihre Gastgeberin spät abends von der
Arbeit nach Hause kam, sich ein Brot schmierte und dann
müde ins Bett verschwand, ohne Zeit für ein gemeinsames
Abendessen und Gespräche zu haben. Die Deutschen, so wunderte sich auch Mariam, seien nur am Arbeiten, aber würden
das verdiente Geld nicht ausgeben, um sich schöne Dinge zu
leisten.

So können Begegnungen mit Geflüchteten gleichsam auf Leer-
stellen hinweisen, auf Dinge, die Deutsche *nicht* tun. Ein junger
Mann aus Afghanistan, der uns nachts oft beim Übersetzen half,
bemerkte etwa, dass sich deutsche Männer und Frauen ebenso
wie Frauen und Frauen oft mit einer Umarmung begrüßten und
verabschiedeten, dass aber selten Männer andere Männer so
berührten. Er selbst machte das übrigens, gab seinen deutschen
männlichen Freunden eine Umarmung; er hatte auch kein Problem damit, eines Nachts auf dem Gelände des LAGeSo Hand
in Hand mit einem aus Syrien geflüchteten Palästinenser zu
Musik aus dem Smartphone zu tanzen. Ebenso wie manche
Berührungen für Menschen aus Syrien, dem Irak oder Afghanistan tabu sind, wenn auch keineswegs für alle und immer, so
sind manche Berührungen auch für Deutsche zumindest ungewöhnlich, auch wenn die Regeln, denen Deutsche dabei folgen,
vielleicht weniger strikt und explizit sind.

Es ist auch keineswegs so, dass der offenere Umgang mit Körperlichkeit unter Deutschen, speziell bei deutschen Frauen, bei
allen Flüchtlingen auf Ablehnung stößt. Mit einem Freund aus
Afghanistan besuchte ich ein Willkommensfest für Flüchtlinge.

Bands spielten und viele Menschen tanzten, aber es waren, wie mein afghanischer Freund bemerkte, kaum Flüchtlinge darunter. Zwar tanzten, wie ich hervorhob, durchaus einige junge Männer und auch ein älterer Mann aus Afghanistan, aber geflüchtete Frauen standen nur am Rand und beobachteten das Treiben, während leicht bekleidete Frauen – ob sie Deutsche waren, ist auch alles andere als klar, vielleicht kann man sie schwammig einfach als junge Berlinerinnen bezeichnen, wie man sie aus Vorabendserien und Werbespots kennt – fröhlich tanzten. Als später drei syrische Rapper auftraten, sah man immerhin zwei junge Syrerinnen in den vorderen Reihen stehen. Mein afghanischer Freund, der selbst kein Muslim ist, bemerkte dies durchaus mit Bedauern. Musik und Tanzen, so erklärte er mir auf Deutsch, seien international, sie kennen keine Grenzen, sie können verbinden. Auf dem Fest sah man das – in Grenzen. Zufällig traf ich dort auch einen jungen Syrer, den ich darauf ansprach, dass keine offensichtlich als Geflüchtete erkennbare Frauen tanzten. „They are all crazy", meinte er nur.

Sexuelle Übergriffe von Flüchtlingen sind medial in aller Munde, insbesondere nach den Ereignissen in Köln zu Silvester 2015. Auch wenn sich nicht jede erste Schreckensmeldung als wahr entpuppte – Berichte von einem Mob afghanischer Flüchtlinge, die Mädchen in einem Kieler Einkaufszentrum bedrängt hätten, stellten sich schnell als übertrieben heraus –, so hält sich die Vorstellung, dass gerade Flüchtlinge aus muslimischen Ländern keinen Respekt vor westlichen Frauen haben, die sich etwas freizügiger kleiden. Nachdem ein junger afghanischer Flüchtling in Freiburg eine in der Flüchtlingshilfe engagierte Studentin vergewaltigt und ermordet hatte, wurde der Ruf nach einer Diskussion über das Frauenbild von Flüchtlingen laut. Dass es sexuelle Übergriffe gibt, soll nicht abgestritten werden. Auch sehr für Flüchtlinge engagierte Helferinnen berichten frustriert von übergriffigen Momenten, wobei es, sollte dies einer Erwähnung bedürfen, nur eine Minderheit von Flüchtlingen betrifft. Aber es lohnt sich, einen Blick jenseits solch offensichtlicher und gewalttätiger Grenzüberschreitungen zu werfen. Der zumal in Berlin relativ offene Umgang mit Sexualität und körperlicher Nähe kann für viele Menschen aus Afghanistan, Syrien und dem Irak eine Herausforderung darstellen, mit der in Freundschaften und Beziehungen umgegangen werden muss. Kleine, für Deutsche vermutlich normale Gesten im Alltag wie eine Umarmung können für Konflikte sorgen.

Ein junger und, wie man sagen muss, durchaus gutaussehender Iraker thematisierte Sexualität und die damit verbundenen Probleme in erstaunlicher Offenheit. Er hatte bei deutschen Frauen gewohnt, fühlte sich aber von diesen bedrängt, da sie mit ihm schlafen wollten; zumindest war dies seine subjektive Empfindung, von der er mir berichtete. Er ist übrigens keineswegs der einzige, der von solchen nicht willkommenen Annäherungsversuchen seitens deutscher Frauen berichtete. Körperliche Formen von Nähe, die für Deutsche vermutlich unproblematisch sind, stellten für ihn eine Herausforderung dar. Eine Zeit lang wohnte er bei einer Physiotherapeutin mit zwei Söhnen, mit denen er sich auch sehr gut verstand. Als er sich an einem Tag besonders verspannt fühlte, bot die Frau ihm eine Rückenmassage an, die er auch annahm. Aber die Berührungen der Frau erlaubten ihm nicht, sich wirklich zu entspannen. Er musste sich darauf konzentrieren, jegliche Erregung zu vermeiden, was er der Frau – so jedenfalls schilderte er mir die Episode – auch erzählte. Seine Gastgeberin machte dies, verständlicherweise, traurig, konnten sich doch andere Menschen unter ihren Händen entspannen, während die Massage bei ihm eine gegenteilige Wirkung hatte.

Als ich mit dem jungen Mann sprach, hatte dieser gerade eine etwas jüngere deutsche Frau kennengelernt. Die beiden schienen sich näherzukommen, und die junge Frau sprach den Erzählungen des Irakers zufolge überaus offen über ihre eigene Sexualität. Sie erzählte ihm von ihren sexuellen Erfahrungen, wann sie das erste Mal Sex gehabt hatte und anderes. Für den jungen Mann, der noch nie in seinem Leben Sex gehabt hatte, sich aber gleichzeitig danach sehnte und davor fürchtete, stellten diese Erzählungen eine Belastung dar. Die Berichte einer aufregenden Sexualität waren Verlockungen, führten ihm aber auch vor Augen, was ihm in seinem Leben gefehlt hatte. Auch der junge Mann zögerte nicht, über seine eigene Sexualität wie auch über die restriktive Sexualmoral im Irak, die er durchaus kritisch sah, zu sprechen. Ohne diese Sexualmoral hätte er vielleicht ein entspanntes Verhältnis zu Körperlichkeit und Sexualität entwickeln können, das es ihm erlaubt hätte, die Massage der Freundin zu genießen. Er war auch nicht der einzige, der offen über Sexualität und damit verbundene Ängste sprach. Eine Freundin berichtete mir beispielsweise von einem recht unterhaltsamen Abend in der Kneipe mit einer Gruppe junger afghanischer Männer, alle um die zwanzig Jahre alt, die noch nie eine Frau geküsst hatten, aber hofften, es bald zu tun. Nur wie geht das? Sie hatten wohl Videos auf YouTube gesehen und fragten auch die (deutlich ältere) Freundin darüber aus – ohne ihr, das sei betont, entsprechende Avancen zu machen. Es bleibt zu hoffen, dass der erste Kuss dann besser klappte, als sie es befürchteten.

Der Umgang mit Körperlichkeit, Sexualität und Beziehungen in Deutschland ist für manche, vielleicht auch für viele der hier ankommenden Flüchtlinge ungewohnt. Er ist eine Herausforderung, aber auch eine Verlockung. An den Extremen gibt es sicherlich sowohl Beispiele totaler Zurückweisung und Abschottung wie auch völlig problemloser Adaption. Mir kommt das Beispiel eines syrischen Basketballspielers in den Sinn, ein Hüne, der sich einen englischen Namen gegeben hatte, für kurze Zeit von WG zu WG zog und in einer der WGs schnell eine Freundin kennenlernte. Ich hielt den Mann zunächst für einen amerikanischen Hipster, der sich für Flüchtlinge engagierte, so ‚normal Berlinerisch‘ wirkte er auf mich. Interessanter und vermutlich verbreiteter sind wie so oft die Zwischentöne. Es ist eigentlich eine Trivialität: Was fremd wirkt, bringt Menschen zum Nachdenken. Sie sehen positive wie negative Seiten, hinterfragen das, was sie kennen, aber ebenso das, was neu für sie ist. Und, das war vielleicht das Erstaunlichste für mich, viele der Flüchtlinge, Männer wie Frauen, mit denen ich sprach, haben ein Bedürfnis, über diese Fragen zu reden. Das sollte als Chance verstanden werden.

IV. Freiheitssehnsüchte

Deutschland wird sich ändern, so heißt es immerzu. Manche sprechen diese Worte voller Sorge um den Verlust ihrer Heimat und kulturellen, wenn nicht gar ethnischen Identität aus, andere sind optimistischer und betonen gleichzeitig, dass Deutschland in seinen Grundfesten erhalten bleibe. Konservative, aber auch liberale Politikerinnen und Politiker fordern immer wieder eine offensive Verteidigung ‚deutscher‘ oder ‚westlicher Werte‘, deren Erhalt sie durch den Zuzug von – insbesondere muslimischen – Flüchtlingen infrage gestellt sehen. Sie formulieren eine angebliche deutsche Leitkultur, zu der ein Handschlag gehöre, die Burka aber nicht. Werte und Normen wie die Gleichberechtigung von Mann und Frau, die Akzeptanz von Homosexualität oder die Trennung von Staat und Religion müssten auch von Muslimen anerkannt werden, so lautet die allenthalben erhobene Forderung. Wer mit Flüchtlingen zu tun hat, wird vermutlich über kurz oder lang tatsächlich mit solchen Vorstellungen konfrontiert werden: Homosexualität sei ebenso wie vorehelicher Sex eine Sünde, der Haushalt sei vor allem von Frauen zu machen. Nur die Trennung von Staat und Religion wurde in der Tat selten infrage gestellt. Insofern scheinen die Sorgen nicht unberechtigt zu sein, auch wenn es verwundern mag, dass sie ausgerechnet von Angehörigen jener konservativen Parteien ausgesprochen werden, die sich lange mit der Gleichstellung von Mann und Frau oder von homosexuellen Beziehungen schwertaten. Was an den Sorgen allerdings verwundert, ist, welch geringes Selbstbewusstsein aus ihnen spricht.

In der *FAZ* behauptete Holger Steltzner, Menschen würden aus dysfunktionalen in funktionierende Sozialmodelle, eben aus Afrika nach Deutschland, ziehen, in der Hoffnung, hier ein materiell besseres Leben zu führen.[5] Es ist die klassische Rede vom Wirtschaftsflüchtling. Fast klingt ein wenig Stolz mit, Deutschland habe ein erfolgreiches Sozialmodell – noch, solange es nicht ,überlastet' wird. Mag sein, dass dies ein Motiv zur Flucht ist. Was aber übersehen wird oder zumindest selten zur Sprache kommt, ist (und das ist bei aller Rede von der Bedrohung der westlichen Lebensweise das Frappierende), dass es auch jene Freiheiten sind, die Deutschland attraktiv machen. Einer Umfrage zufolge, von der Firas Alshater in seinem Buch *Ich komme auf Deutschland zu* berichtet, rangiert Freiheit sowohl bei Deutschen wie auch bei Flüchtlingen ganz oben auf der Liste der Vorzüge, die Deutschland zu bieten hat.[6] Dabei muss man nicht mit dem Grundgesetz winken, mit Demokratie und politischen Freiheiten, auch wenn diese durchaus geschätzt werden. Attraktiv wird Freiheit, für die der vielbeschworene Westen steht, im Alltag. Diese lässt sich kaum in Integrationskursen vermitteln, aber sie lässt sich gemeinsam erleben.

Was bedeutet denn eigentlich Freiheit? Mit Mariam führte ich viele Gespräche über diese Frage. Ein erstes Gespräch, in dem es auch um ihre persönliche Freiheit ging, nahm einen unerwarteten Ausgangspunkt. „I have a problem", schrieb sie mir im März 2016. Ok, was ist denn heute das Problem, dachte ich innerlich seufzend. Jeden Tag ein neues Problem mit irgendwelchen Papieren, das gelöst werden will, während ich eigentlich gerade mit einer Freundin skypte. „It's about love." Das war nicht die Antwort, die ich erwartet hatte. Bislang war es meist um bürokratische Probleme gegangen, aber nun ging es zum ersten Mal um etwas Intimes. Ein Freund – sie stellte ihn als ihren *boyfriend* vor, der zumindest behauptete, sie zu lieben – hatte

5 Holger Steltzner: Migrationsdruck. Ohne Sicherheit gibt es keine Freiheit. In: *FAZ*, 23.09.2016. http://www.faz.net/aktuell/wirtschaft/wirtschafts politik/europa-muss-seine-sozialmodelle-schuetzen-14448306.html? printPagedArticle=true#pageIndex_0 (Zugriff am 28.09.2017).
6 Firas Alschater: *Ich komme auf Deutschland zu. Ein Syrer über seine neue Heimat*. Berlin: Ullstein 2016, S. 199–200.

gesehen, wie ich sie zur Anmeldung für einen Deutschkurs begleitet hatte. Er war nicht begeistert davon, dass seine Freundin mit einem fremden Mann sprach und wollte die ganze Beziehung beenden. Mariam wollte wissen, was ich davon halte. Ich erklärte es ihr in deutlichen Worten: „He's an idiot." Es sei ganz allein ihre Sache, mit wem sie befreundet sei. Die Sichtweise eines Mannes, der seiner Freundin oder Frau vorschreibe, mit wem sie befreundet sein könne, sei mit dem Verständnis von Freiheit in Deutschland unvereinbar, erklärte ich, und ein solcher Mann würde sie auch nicht wirklich lieben, weil er nicht will, dass sie glücklich und frei ist. Sie stimmte mir zu. Würde sie diesen Mann heiraten, so hätte sie nur eine zweite Mutter, und das wollte sie nicht. Ich war, für's erste, nicht nur beruhigt, sondern auch beeindruckt, mit welcher Vehemenz sie zumindest im Gespräch mit mir ihre Freiheit verteidigen wollte.

Freiheit war ein immer wiederkehrendes Thema in unseren Unterhaltungen. Freiheit, das ist es, wonach sich Mariam sehnt. Viele Freiheiten, die ich für selbstverständlich halte, hat Mariam nicht. Aus ihrer Perspektive ist ihr Leben nicht frei, da konnte ich noch so oft betonen, dass sie hier in Deutschland Freiheiten genießt, auch wenn ihr Status als Asylbewerberin einige Einschränkungen mit sich brachte. Wenn ich Mariam erzählte, wohin ich nun schon wieder flog, war sie stets beeindruckt und auch eine Spur neidisch. Sie würde auch gerne reisen, andere Länder besuchen und kennenlernen. Aber niemals wäre ich mit Mitte Zwanzig auf die Idee gekommen, meine Eltern zu fragen, ob ich alleine zum Deutschkurs gehen darf, ob ich eine Abendschule besuchen darf, ob ich zum Sport gehen darf oder ob ich bei Veranstaltungen als Übersetzer helfen sollte, ganz zu schweigen davon, welche Freunde ich wo und wann treffen darf oder ob ich mit ihnen ins Kino gehen darf. Ich kann mir auch nicht vorstellen, dass eine meiner deutschen Freundinnen hierfür die Erlaubnis ihrer Eltern benötigt hätte. Aber Mariam musste zunächst die Erlaubnis der Mutter einholen, und oft hieß es: „Mom does not allow." Meine Reaktion war stets die gleiche: in Deutschland sei sie frei, diese Entscheidung selbst zu treffen, ihre Mutter habe kein Recht, ihr in dieser Hinsicht irgendwelche Vorschriften zu machen. Aber auch wenn sich Mariam manchmal wehrte, den Vorschriften der Mutter musste sie sich beugen. Gleichzeitig ist mein Insistieren auf ihre Freiheit auch eine Zumutung für sie. Mein Leben ist nicht frei, schrieb sie mir ein ums andere Mal.

Was bedeutet Freiheit für eine junge, nach Deutschland geflohene Afghanin? Als ich sie danach fragte, antwortete Mariam mir mit Dingen, die für mich und wahrscheinlich für die meisten Menschen in diesem Land selbstverständlich sind: dass sie arbeiten und studieren könne, dass sie Freundinnen und Freunde treffen könne, wann sie wolle, ohne um Erlaubnis fragen zu müssen. Gerne würde Mariam einmal ins Kino gehen. In welchen Film, das ist ihr egal, nur einmal würde sie gerne ein Kino von innen sehen. Meine Freundin und ich hätten sie gerne ins Kino eingeladen, und in einer ersten Reaktion freute sich Mariam auch über die Vorstellung. Aber schnell wurde klar, dass dies unrealistisch ist. Ihre Mutter würde es keinesfalls erlauben – schon gar nicht mit einem fremden Mann. Vielleicht ginge es, wenn Mariam einmal selbst einen Mann haben sollte und dieser dann auch dabei wäre. Von diesen Restriktionen ist Mariam auch keineswegs begeistert: „We have many problems, you see", schrieb sie mir.

Auch eine andere Freiheit, die für Inhaber eines deutschen Passes mehr oder weniger selbstverständlich ist, ersehnt sich Mariam: dass sie reisen kann, wohin sie möchte. So fragte sie mich eines Tages, warum ich wolle, dass sie in Deutschland bleiben könne. Mit meiner Antwort, erstens sei die Situation in Afghanistan schlimm und gefährlich, zweitens wären wir befreundet, war sie nicht zufrieden. Was wäre wenn in Afghanistan Frieden herrschte und wir nicht befreundet wären, würde ich dann immer noch wollen, dass sie nach Deutschland kommen könnte? Ich musste nachdenken und lächeln. Ja, das würde ich immer noch wollen, aber dann hoffentlich nicht als Flüchtling, sondern auf anderen, sicheren Wegen, als Studentin oder um zu arbeiten. In Mariams Frage und vor allem in ihrer

Nachfrage blitzte ein Traum auf, eine Sehnsucht nach einer Mobilität, die nicht durch Grenzen eingeschränkt ist, wie sie für Waren und Dienstleistungen bei entsprechender Qualifikation (man könnte auch sagen, bei entsprechender Qualität der Ware Arbeitskraft) im Neoliberalismus gefordert wird und wie sie die westliche Tourismusindustrie gerne verkauft: grenzenlose Freiheit.

Die Freiheiten, die der Westen in Bezug auf Geschlechterbeziehungen und Sexualität bietet, sind für Mariam gleichzeitig verstörend und verlockend. In einem unserer vielen Gespräche über Liebe und Beziehungen erklärte sie mir virtuell seufzend, warum denn afghanische Männer nicht wie deutsche Männer seien. Afghanische Männer, das war wenigstens ihre Wahrnehmung, herrschten über Frauen, verboten ihnen Freundschaften und Kontakte mit anderen Männern; sie ließen ihren Frauen keinerlei Freiheiten. Mariam hatte, wie manch andere Geflüchtete, auch die etwas verwirrende Angewohnheit, Posts auf Facebook zu liken, ohne sie zu verstehen. Manchmal nutzte ich das, um Diskussionen mit ihr zu beginnen. Im Frühjahr 2016 bekundete sie auf Facebook, sie würde an einer Gedenkkundgebung in Frankfurt für die Opfer des Massakers an Schwulen, Lesben und Queers in Orlando teilnehmen. Ich fand das ganz gut, hatte aber den Verdacht, dass sie nicht wirklich wusste, was sie hier angeklickt hatte. Also fragte ich sie. Sie hatte von dem Massaker gehört, wusste, dass der Täter ein Muslim war, aber hatte nicht realisiert, wer die Opfer waren. Warum hatte er diese Menschen umgebracht, fragte sie mich. Weil er Schwule und Lesben hasst, war meine Antwort. „I hate them too, but I don't kill", schrieb sie mir.

Ich war natürlich schockiert. Warum hasste sie diese Menschen? Was hatten sie ihr getan, dass sie voller Hass auf sie war? Einige meiner besten Freunde waren Schwule, erklärte ich ihr, und es machte mich traurig, dass sie diese Menschen hasste. „It's how I am, don't worry." Damit wollte ich mich nicht zufriedengeben. Ich wollte eine Erklärung für den Hass. Mit der Erklärung, die sie mir gab, hatte ich nicht gerechnet: „I hate all men" (nur mich nicht, ich war ihr Freund, da machte sie eine Ausnahme); auf lesbische Frauen ging sie übrigens mit keinem Wort ein. Was hatten ihr Männer getan, fragte ich? Nichts, antwortete sie, aber sie waren schlecht zu anderen Frauen, und weil sie selbst eine Frau war, hasste sie andere Männer dafür, dass sie Frauen Probleme bereiteten. Ich fühlte mich ein wenig an die radikale Rhetorik der Frauenbewegung der 1970er Jahre erinnert, aber versuchte, gegen den Hass zu argumentieren. Was würde sie sagen, wenn ich nun alle Muslime hassen würde, nur weil ein Muslim in Orlando 49 Menschen ermordet hatte? „Yeah, I hate all Muslim men. Sorry." Auch mit dieser Antwort hatte ich nicht gerechnet. Ich versuchte weiter gegen ihren Hass zu argumentieren. All die vor dem LAGeSo verbrachten Nächte, all das Engagement für Flüchtlinge sei durch den Wunsch nach einer Welt mit weniger Hass motiviert, sagte ich mit etwas Pathos. Zunächst gab sie nach: Ok, sie wolle versuchen, weniger Hass zu haben. Aber dann brach es gleichsam aus ihr heraus, warum sie Männer hasste: „I hate them. Because the men are make war in Afghanistan [sic] I hate them. Because they beat us I mean they beat women I hate them. Because they didn't give us rights I hate them. Because they have four wives and beat each of them I hate them." Um keine Missverständnisse aufkommen zu lassen: Mariam denkt nicht gut über Homosexualität, aber das bedeutet nicht, so betonte sie, dass sie ihnen irgendetwas schlechtes tun würde. In ihren Augen ist Homosexualität schlicht unnatürlich. Aber dieses Thema spielte für sie eigentlich keine große Rolle. Viel wichtiger war ihr der Hass auf Männer, insbesondere muslimische Männer. Bezeichnenderweise hatte sie auf Whatsapp eine Weile lang ein Bild von drei vollständig verschleierten Frauen, die mit Ketten gefesselt einem Mann hinterherlaufen. Deutschland bietet gerade in dieser Hinsicht einen Kontrast. In Afghanistan hätte sie als Frau viele Probleme gehabt, meinte sie. In Deutschland hoffte sie, diese Probleme hinter sich lassen zu können.

Mariam ist nicht die einzige afghanische oder syrische Frau, die bestimmte Freiheiten in Deutschland attraktiv findet. Auf

Facebook berichtete beispielsweise eine Helferin von einer syrischen Frau, die über den Familiennachzug nach Deutschland gekommen war. Von ihrem Mann erfuhr sie, dass sie hier kein Kopftuch tragen müsse (auch in Syrien, dies sei angemerkt, herrschte kein Zwang, ein Kopftuch zu tragen), woraufhin die Frau es erfreut ablegte. Andere Frauen hingegen, die in Syrien kein Kopftuch getragen hatten, da es vom Regime, so wurde mir erzählt, nicht gerne gesehen war, nutzten die Freiheit hier, um das Kopftuch zu tragen. Drei Frauen aus Afghanistan, eine ältere Dame und ihre beiden Töchter im Teenageralter, blieben mir in dieser Hinsicht besonders im Kopf. Ich hatte sie zum ersten Mal im September 2015 vor dem LAGeSo getroffen. Sie waren dort kurz nach der Abfahrt der Busse, die in die offiziellen Notunterkünfte fuhren, angekommen, weshalb wir für sie einen privaten Schlafplatz organisierten. Zwei Monate hatte ihre Flucht aus dem Iran, wohin sie bereits im Sommer 2001 vor den Taliban geflohen waren, gedauert. Im Juni 2016 traf ich sie durch Zufall wieder. Zu meiner Überraschung suchten die Mädchen nicht nur eine Wohnung für die Familie, sondern auch einen Kung-Fu-Verein. Die beiden Mädchen hatten im Iran trainiert und, so behaupteten sie, auch Medaillen gewonnen. Ich fand auch eine Trainerin, die zumindest einmal mit ihnen übte. Die Mädchen hatten keinerlei Berührungsängste, waren offen und gut gelaunt. Nur vor der Hauskatze in der Wohnung der Trainerin versteckten sie sich hinter meinem Rücken.

Später unterhielten wir uns über die Fluchtgründe der Familie. Für Frauen gebe es, so erklärten sie mir ohne auf viele Details einzugehen, viele Probleme, im Iran wie auch in Afghanistan. Im Iran hätten die beiden Mädchen Schwierigkeiten mit der Sittenpolizei gehabt, weil unter ihrem Kopftuch Haar zu sehen war; in Afghanistan fürchteten sie sich vor strengen kulturellen und religiösen Normen, die sie zwingen würden, ein Kopftuch oder gar eine Vollverschleierung zu tragen. In Deutschland genossen die beiden Mädchen es sichtlich, mit lackierten Fingernägeln und ohne Kopftuch herum zu laufen. Die jüngere der beiden erklärte mir auch, dass sie gerne Model werden würde, das aber in Afghanistan gefährlich sei. Sie würden auch gerne tanzen gehen, wenn auch am liebsten zu persischer Musik, aber eine Disko wäre auch gut, erzählten die beiden Mädchen mir beim Essen. Auf meine Nachfrage, ob die Mutter denn auch tanzen würde, lehnte sie lachend ab, aber sagte, sie würde gerne eine Disko von innen sehen. Für diese Frauen ist Deutschland ein Land der Freiheit, einer Freiheit, die für uns selbstverständlich ist, für diese Frauen aber eine sich nun hoffentlich erfüllende Sehnsucht.

Die Episode zeigt auch, wie widersprüchlich und kompliziert die Sehnsucht nach Freiheit sein kann. Als ich Mariam begeistert davon erzählte, dass die drei Frauen gerne in eine Disko gehen würden, fand Mariam dies alles andere als gut. Als gute muslimische Frauen sollten sie nicht tanzen, schon gar nicht mit anderen Männern. Sie respektiere ‚deutsche Regeln‘ und schätze ‚deutsche Freiheiten‘, aber dies könne nicht bedeuten, dass vergessen wird, wer man sei und woher man komme, argumentierte sie. Und in einer Disko zu tanzen würde bedeuten, diese kulturelle und religiöse Identität als Afghanin und Muslima aufzugeben. Wenn man sich für den Islam entscheide, und Mariam fasste dies durchaus als Wahl auf, die man treffen könne, dann bedeute dies, dass man auch die Regeln des Islams zu akzeptieren habe. Wenn Deutschland die Erwartung habe, dass ‚deutsche Regeln‘ akzeptiert werden würden, dann müssten Muslime genauso die Regeln des Islam respektieren. Dabei betonte sie, dies war ihr wichtig, dass diese auch nur für Muslime gelten. Dass deutsche Mädchen und Frauen tanzen gehen, sei vollkommen in Ordnung, denn sie seien keine Muslime. Natürlich versuchte ich dagegen zu argumentieren, für den Moment ignorierend, dass es durchaus deutsche Muslime gibt: Wer entscheide, welche Regeln für Muslime gelten, fragte ich. Dies stehe im Koran, erklärte Mariam. Aber wie der Koran zu verstehen sei, darüber gebe es unterschiedliche Auffassungen, und viele muslimische Frauen trügen beispielsweise kein Kopftuch und seien dennoch Muslime, wandte ich ein. Auch dies fand Mariam nicht gut. Letztlich, so entgegnete sie mir, entscheide Gott, was richtig sei. Eine Einigung fanden wir nicht in diesem Gespräch. Ich erklärte ihr, sie könne ihren Glauben leben, wie sie es für richtig halte, in den Grenzen der geltenden Gesetze, sollte anderen aber selbst überlassen bleiben, wie sie ihren Glauben leben wollen. Sie hingegen erwartete, dass andere Muslime sich an religiöse Regeln, so wie sie diese verstand, halten. Diese zu brechen, würde den Islam in Verruf bringen.

Dass Mariam und ich hier nicht auf einen Nenner kommen konnten, ist allerdings nicht das Entscheidende, sondern vielmehr, dass wir darüber diskutieren konnten. Mariam war auch die einzige, die einen Facebook-Post über die Episode kritisch kommentierte. Während meine deutschen, amerikanischen, aber zum Teil auch syrischen Freundinnen und Freunde höchst entzückt davon waren, dass eine ältere Frau aus Afghanistan gerne in eine Disko gehen würde, schrieb sie, dass sie das nicht gut fände. Ich antwortete, dass ich es schätze, dass wir darüber diskutieren könnten, wofür sie sich wiederum bedankte.

Wie viel Differenz hält eine Freundschaft aus? Wie viel Differenz hält eine Gesellschaft aus, wie weit sollten die Anforderungen der viel diskutierten ,Leitkultur' gehen? Die erste Antwort darauf wäre, dass Differenz so lange auszuhalten ist, wie sie nicht zum Zwang für andere wird. Wenn Mariam gerne ein Kopftuch trägt und nicht mit Männern tanzen will, dann ist das sicherlich ihr Recht. Aber wie steht es mit der Forderung an andere muslimische Frauen, diese sollten nicht tanzen, schon gar nicht mit Männern? In Wuppertal erregte eine Gruppe junger Männer Aufmerksamkeit, die mit Warnwesten, die sie als Scharia-Polizei auswiesen, durchs örtliche Ausgehviertel zog und junge, vermeintliche Muslime aufforderte, sich von Alkohol und Glücksspiel fernzuhalten. Der Aufschrei war groß. Hier maßen sich radikale Salafisten, so hieß es, das Recht an, ihre Moralvorstellungen als ,Gesetz' durchzusetzen. Politikerinnen und Politiker forderten wie so oft die volle Härte des Gesetzes. Die Männer wurden vor Gericht gestellt und angeklagt, gegen das Uniformverbot verstoßen zu haben. Doch das Gericht sprach die Männer frei. Ein Gesetz, das hier gegriffen hätte, gibt es nicht, urteilte das Gericht. Die Westen seien nicht als Uniform zu werten, und von ihnen sei keine Bedrohung ausgegangen. Angesichts der Tatsache, dass einer der Organisatoren der Aktion erklärte, so hieß es in den Medien, die Gruppe solle wahrgenommen werden „wie das Ordnungsamt oder die Polizei, die auf Streife ist",[7] mag man sich ein wenig wundern, aber auch hier gilt: im Zweifel für den Angeklagten. Denn, so widerlich ich diese Aktion finde, letztlich ist zu akzeptieren, dass Religionsgemeinschaften oder andere Gruppen für ihre moralischen Überzeugungen werben, solange dies friedlich und ohne Zwang geschieht. Nichts anderes machen ja auch christliche Kirchen oder Tierrechtsaktivisten, die gegen Fleischkonsum protestieren und andere zum Verzicht anhalten. Und genauso müssten es ja auch Salafisten hinnehmen, wenn vor ihrer Moschee für mehr sexuelle Freiheit und deren offene Darstellung demonstriert werden würde. Nicht jedes Verhalten, das die staatliche Ordnung infrage stellt, ist strafbar, kommentierte Reinhard Müller in der *FAZ*, vielleicht mit einem gewissen Unbehagen ob des Freispruchs.[8] Aber dadurch zeichnet sich die liberale Demokratie aus: dass sie Differenz aushält, ja, sogar die Forderung, dass die Menschen sich nach strengeren Regeln verhalten als jenen, die deutsche Gesetze vorschreiben, solange sie dabei nicht mit dem Gesetz in Konflikt kommen.

Auch eine andere Frage ist dazu geeignet, Differenzen hervorzubringen: Wie weit soll Freiheit gehen, wo sind die Grenzen von Freiheit? Auf meiner Facebookseite hatte ich eine Karikatur aus

7 Gericht spricht selbsternannte Scharia-Polizisten frei. In: *Zeit Online*, 21.11.2016. http://www.zeit.de/gesellschaft/zeitgeschehen/2016-11/ wuppertal-scharia-polizei-prozess-landgericht-freispruch (Zugriff am 28.09.2017).

8 Reinhard Müller: Freispruch für Scharia-Polizei. Dagegenhalten. In: *FAZ*, 21.11.2016. http://www.zeit.de/gesellschaft/zeitgeschehen/2016-11/ wuppertal-scharia-polizei-prozess-landgericht-freispruch (Zugriff am 28.09.2017).

den 1980er Jahren veröffentlicht, die einen Schweizer Politiker und eine Schweizer Politikerin in sexuell anzüglicher Weise zeigt. Mariam war nicht sehr begeistert. Im Oktober 2016, wir kannten uns damals schon mehrere Monate und hatten oft über Beziehungsfragen und Unterschiede zwischen Afghanistan und Deutschland diskutiert, bat sie mich, das Bild herunterzunehmen. Es war nur ein Wunsch, wie sie betonte, schließlich sei es meine Facebookseite, aber sie wünsche sich das. Ich zögerte. Sollte ich ihr hier entgegenkommen? Wäre dies nicht ein Zurückweichen vor rigiden Moralvorstellungen, die ich nicht teilte und die ich mir auch nicht aufzwingen lassen wollte? Ich beschloss, von ihr eine Erklärung zu verlangen, warum sie das Bild nicht gut fand. Es wäre eine Art Handel: Wenn sie sich auf eine Diskussion über Sexualität einlassen sollte, dann würde ich ihr entgegenkommen und das Bild herunternehmen. Und in der Tat war sie zu einer Erklärung bereit, auch wenn mich diese überraschte. Es ging ihr nicht darum, dass hier Sexualität abgebildet wurde, sondern darum, dass diese Zeichnung den Respekt vor den Abgebildeten vermissen ließ. Würde ich denn wollen, dass eine solche Zeichnung von mir im Netz kursiert? Ich versuchte, ihr den historischen und satirischen Kontext der Karikatur zu erklären (was sich als kompliziert herausstellte), aber sie stimmte der Argumentation nicht zu. Die Zeichnung sei respektlos – das ist sie in der Tat – und es sei nicht angebracht, gegenüber anderen Menschen, insbesondere gegenüber den Regierenden, eine solche Respektlosigkeit zu zeigen. Das stellte mich in ihren Augen fast auf eine Stufe mit jenen, die sich in Afghanistan über den dortigen Präsidenten, von dem sie keinesfalls viel hält, lustig machten. Ich versuchte dagegenzuhalten, dass es in Deutschland akzeptiert sei, ja, dass es auch wichtig sei, die Mächtigen zu kritisieren und sich über sie lustig zu machen. Mariam ließ sich von diesen Argumenten nicht überzeugen. Werte wie gegenseitigen Respekt stellte sie höher, dieser sei nicht gegeben, wenn man sich über andere lustig mache.

Ich war sauer. Hier ging es um ein fundamentales Freiheitsrecht, nämlich die Freiheit, auch polemisch und verletzend

Kritik zu üben, das Mariam nicht anerkennen wollte. Diese Freiheit wollte (und, um keine Missverständnisse aufkommen zu lassen, will) ich verteidigen. Also beschloss ich, die Diskussion zu verschärfen. Es sei in Deutschland nicht nur akzeptiert und ein Recht, sich über die Regierenden lustig zu machen, man dürfe sich sogar über Religion lustig machen. Nun war auch Mariam sauer. Wie könne ich so etwas sagen. Nein, niemand habe das Recht, sich über ihre Religion lustig zu machen, oder über irgendeine Religion, dies verletze und sei respektlos. Dass ich so etwas sagte, bedeutete in ihre Augen auch, dass ich sie selbst nicht respektierte. Für einen Moment schien die Freundschaft infrage gestellt zu sein. Sie war, das merkte ich, enttäuscht von mir. Und dann war die Diskussion auch schnell beendet, weil sie offline ging. Aber ich wurde nur noch wütender und erklärte ihr ausführlich, dass Freiheiten gerade auch für jene gelten müssten, denen man nicht zustimmte; dass man es aushalten müsse, wenn andere anderer Meinung seien, wenn sie Religionen für falsch und dumm hielten; dass ich das Recht auf Religion verteidigen würde, aber genauso das Recht, diese Religion zu kritisieren. Und vor allem war es überaus unhöflich, ein Gespräch, auch eine leidenschaftliche Diskussion, einfach abzubrechen.

Am Tag darauf erzählte ich einem jungen afghanischen Freund von der Auseinandersetzung. Er lachte zunächst, aber dann stimmte er Mariam zu. Nein, es sei nicht in Ordnung, und es sollte auch verboten sein, sich über andere Religionen oder Ideologien lustig zu machen. Dies verletze und man solle niemand anderen verletzen dürfen. Er konnte durchaus Argumente vortragen: In Frankreich, so habe er gehört, hätten Jugendliche eine Mitschülerin in den Selbstmord getrieben, indem sie sich über deren christliche Religion lustig machten. Und was würde ich zu Witzen über Schwule sagen (deren Lebensweise er, wie er betonte, akzeptiere: ob Männer Hand in Hand oder Frauen vollverschleiert herumliefen, das solle alles gehen, solange sie niemanden verletzten). Ich hielt wieder dagegen, es mache erstens einen Unterschied, ob sich Kritik und Scherze allgemein gegen einen Glauben richteten oder ob man gezielt eine Person angreife, und zweitens, dass es um eine Kritik, in satirischer Form, an Mächtigen gehe. Aber, so sein Gegenargument, wer wirklich glaube, der würde auch von solch allgemein gehaltener Satire verletzt werden. Ja, solche Verletzungen müsse man in einer freien Gesellschaft aushalten, insistierte ich. Wir kamen an diesem Abend zu keiner Lösung, aber der junge Freund betonte, er respektiere auch meine Meinung.

Unterdessen versicherte ich Mariam, dass ich sie respektiere und ihre Freundschaft schätze. Es dauerte eine Weile, bis sie reagierte. Aber dann entschuldigte sie sich dafür, mich so wütend gemacht zu haben. In Zukunft wolle sie nicht mehr sagen, wenn ich in ihren Augen etwas falsch mache. Es mag nach Trotz klingen, aber es ging ihr, glaube ich, um etwas anderes: Sie wollte Streit vermeiden und mich nicht verärgern. Religion sei etwas Persönliches, davon müssten wir in Zukunft nicht reden. Denn, so schrieb sie am Ende ihrer Entschuldigung: „We will always be friends in the future, even when we disagree." Diese Freundschaft wollte sie wohl nicht durch Kritik gefährden. Ihr Satz lässt die Kraft, die Freundschaften haben können, erahnen.

Aber muss eine Freundschaft auch eine solche Differenz aushalten? Eine Freundin, die sich ebenfalls für Flüchtlinge engagiert und viele persönliche Kontakte mit ihnen pflegt, war hier skeptisch. Sie konnte sich kaum vorstellen, mit solch konservativen Frauen befreundet zu sein, und hatte kein Verständnis für Mariams rigide Vorstellungen des Erlaubten und nicht Erlaubten. Auch ich stellte mir immer wieder die Frage, ob meine Freundschaft mit Mariam solche Unterschiede aushalten konnte. Die Antwort, die wir beide praktisch gaben, fiel stets positiv aus, nicht zuletzt, weil die Differenzen die Freundschaft spannend machten. Natürlich ist es jedem und jeder überlassen, wo in persönlichen Beziehungen die Grenze zu ziehen ist. Aber im Aushalten solcher Unterschiede liegen Stärke und Potential von Freundschaften zwischen Fremden. Sie bieten einen Raum, unterschiedliche Vorstellungen zu formulieren, zu diskutieren und damit zu hinterfragen – auf beiden Seiten. Und es ist gerade die Erfahrung, dass persönliche Nähe und gegenseitiger Respekt trotz solcher Differenzen möglich sind, die gewissermaßen den Lerneffekt einer solchen Freundschaft ausmacht. Dass aus Fremden Freunde werden, muss nicht bedeuten, dass Fremdheit aufgegeben wird. Gerade weil sich in Freundschaften Differenzen aushalten lassen, können sie zu Vertrauen und Solidarität und damit zur Stärkung der Demokratie beitragen.

V. Vertrauen

Die Tage und Nächte im Herbst und Winter 2015 vor dem Berliner LAGeSo waren dramatisch. Jede Nacht waren wir mit neuen harten Schicksalen und teils verzweifelten Menschen konfrontiert. Wir riefen regelmäßig Krankenwagen. Ich erinnere mich an eine Nacht im Januar, als ein Mann uns bat, einen Arzt für seine sechsjährige Tochter zu rufen. Wir waren zunächst ein wenig skeptisch, ob er nicht doch am nächsten Tag mit ihr zum Arzt gehen konnte, aber da wir keine Ärzte sind, ließen wir einen Rettungswagen kommen – zum Glück. Da es sich um ein Kind handelte, war sofort ein Arzt dabei, der das unterernährte und an einer Grippe erkrankte Mädchen direkt mit in die Klinik nahm. Aber es waren nicht nur anstrengende Nächte, sondern auch bewegende. Es gab eindrucksvolle Momente spontaner Solidarität. Eines Abends sprachen wir mit einer Familie mit drei Kindern, die keinen Schlafplatz hatte, brachten Tee und Essen für die Kinder. Eine zufällig vorbeikommende Studentin sprach mich an, fragte, wie sie, so generell, helfen könne. Ich bat sie, kurz zu warten, und meinte dann, eher im Scherz, nun müsse ich noch einen Schlafplatz für die Familie finden. Die Studentin rief in ihrer Wohngemeinschaft an, und keine zehn Minuten später war die Familie auf dem Weg. Als ich sie am nächsten Tag in der Schlange zum Bus wiedersah, winkten mir alle fröhlich zu. Man lernte viele Menschen kennen, Einheimische und Flüchtlinge, mit ganz unterschiedlichen persönlichen Geschichten. Nacht für Nacht gab es Überraschungen. Zu diesen gehörte zum Beispiel die einzige Frau, die ich dort mit voller Verschleierung erlebte, eine junge in Berlin aufgewachsene und zum Islam konvertierte Polin, die auch Arabisch sprach. Als eines Nachts Islamisten versuchten zu agitieren und der Frau erklärten, sie als Frau solle nachts nicht auf der Straße sein, wurde sie zur Furie: Niemand hätte irgendein Recht, ihr zu sagen, wo sie wann sein solle. Selten erlebte ich eine so selbstbewusste junge Frau.

Warum machen Menschen das? Was motiviert sie dazu, Nacht für Nacht vor einer Berliner Behörde zu stehen und, so gut es geht, zu helfen, mit Essen, Tee oder Informationen? Warum öffnen Menschen Fremden, mit denen sie sich oftmals nur mit Händen und Füßen verständigen können, ihre Türen, lassen sie bei sich schlafen? Manche eher skeptische Beobachter sehen hier eine Art Nazitrauma. Gleichsam um vergangenes Unrecht gutzumachen, um einer aus dem Nationalsozialismus erwachsenen Moral, die allerdings keinem Realitätstest standhalte, gerecht zu werden, würden sich die Deutschen für Flüchtlinge engagieren, so die Vermutung. Zweifellos sind sich diejenigen, die sich praktisch für Flüchtlinge engagieren, einig in ihrer Ablehnung von Rassismus. Aber ich bezweifle, dass dies die Motivation für ihr Handeln ist. Zumindest drückte dies niemand aus, mit dem ich gesprochen habe. Andere sehen eine religiös motivierte Mitmenschlichkeit und Barmherzigkeit am Werke. Mein eigener Eindruck war, dass die Frage, „warum macht man das?", irgendwie verwunderte: Es war einfach klar, dass man etwas tun musste, also versuchte man das, so gut es ging. Einem Journalisten, der mich danach fragte, antwortete ich, man würde ja auch nicht fragen, warum man an einer roten Ampel stehen bleibt und bei grün läuft. Man macht es einfach, ohne dass es einer weiteren Begründung bedarf.

Was auch immer die Menschen motivierte, die Hilfsbereitschaft war bemerkenswert. Bei einem Abendessen mit Geflüchteten und Einheimischen – es waren nicht nur Deutsche, sondern auch seit Jahren in Berlin lebende Menschen aus Russland und der Türkei dabei – kam das Gespräch auf diese Frage. Eine Freundin äußerte die Vermutung, es sei eine Sehnsucht nach Kontakten, nach Kommunikation, die mehr oder weniger alteingesessene Berlinerinnen und Berliner dazu brächte,

Flüchtlingen zu helfen. Der Vermutung war eine Diskussion darüber vorangegangen, was Flüchtlinge über Deutschland denken, was sie mögen, aber auch was ihnen negativ auffällt. Öffentlich zur Schau gestellte Zärtlichkeit kam dabei nicht zur Sprache, wohl aber dass familiärer und nachbarschaftlicher Zusammenhalt nicht so groß sei wie in Syrien. In Syrien könne man mit Nachbarn sprechen, man lade sich zum Essen ein, es gebe ein Gemeinschaftsgefühl, das in Deutschland fehle. In Syrien, das berichtet auch die Journalistin Kristin Helberg, die mehrere Jahre im Land gelebt hat, führe man dauernd kurze Gespräche mit seinen Mitmenschen, mit Straßenhändlern ebenso wie mit Müllmännern, denen man Gesundheit wünsche.[9] Ein anderer Gast aus Syrien – er hatte für uns gekocht – berichtete, er habe versucht, mit seinen Nachbarn ins Gespräch zu kommen und würde sie auch gerne einmal einladen, ja, er habe sogar im (aus einem alternativen Kontext stammenden) Café im Erdgeschoss des Hauses angeboten, ein kostenloses syrisches Buffet zu veranstalten, um seine Nachbarn kennenzulernen, aber das Angebot sei nicht angenommen worden. In Berlin, so die Freundin, verspürten die Menschen trotz ausgeprägter Feier- und Clubkultur oftmals ein Gefühl von Einsamkeit und würden sich nach einer solchen Gemeinschaft sehnen.

Diesem gefühlten Verlust von nachbarschaftlicher Nähe und Gemeinschaft, den viele Geflüchtete beklagen, steht eine andere Beobachtung entgegen, die oftmals von den gleichen Menschen vorgebracht wird. In der Heimat, so meinten sie, herrsche ein allgegenwärtiges Misstrauen, das sie hier in Deutschland nicht vorgefunden hätten. Ein junger Iraker schilderte etwa mit eindringlichen Blicken, wie gefährlich es in Bagdad sei, der falschen Person einen falschen Blick zuzuwerfen. Allzu leicht könne man in (auch tödliche) Auseinandersetzungen verschiedener

9 Kristin Helberg: *Verzerrte Sichtweisen. Syrer bei uns. Von Ängsten, Missverständnissen und einem veränderten Land.* Freiburg i. Br. / Basel / Wien: Herder 2016, S. 99–100.

Clans hineingezogen werden. In Deutschland hingegen könnte er Menschen auf der Straße in die Augen sehen, er könne sie auch ansprechen, ohne Angst zu haben. Syrer berichteten Ähnliches. Im dortigen Bürgerkrieg wurden aus Nachbarn Feinde. Menschen, mit denen man vorher befreundet war, wandten sich dem Islamischen Staat zu oder entpuppten sich als Anhänger des Assad-Regimes. Das soziale Vertrauen, das für ein friedliches Zusammenleben unerlässlich ist, scheint dort zusammengebrochen zu sein. Nicht zuletzt liegt hierin ein Grund, warum sich viele Syrer keine Rückkehr vorstellen können. Auch afghanische Freundinnen beklagten immer wieder ein allgegenwärtiges Misstrauen, sowohl untereinander als auch gegenüber Deutschen. Bei Begegnungen mit Flüchtlingen gilt es daher nicht nur, Kommunikationsschwierigkeiten zu überwinden, sondern auch Misstrauen, wobei für Flüchtlinge, die Deutschen vertrauen sollen, sicherlich mehr auf dem Spiel steht. Ich versuchte beispielsweise, Informationen über einen Workshop von Amnesty International zum Asylverfahren zu verbreiten. Aber trotz anfänglichen Interesses meldete sich niemand via Facebook, obwohl Übersetzerinnen bereitgestanden hätten. „They don't trust", sagte mir eine andere afghanische Freundin. Selbst Mariam fragte mich, als ich für ihre Familie einen Termin zur Vorbereitung auf die Anhörung im Asylverfahren vereinbarte: „Can we trust them?"

Es sind widersprüchliche Eindrücke. Einerseits vermissen Menschen persönliche Nähe und Kommunikationsmöglichkeiten. Sie fühlen sich in Berlin schlicht einsam. Es sei schwierig, so klagte ein afghanischer Freund, der schon sehr gut Deutsch spricht, in Berlin Menschen kennenzulernen und Freundschaften zu schließen. Er sehnt sich nach Nähe und Vertrautheit, eine Sehnsucht, die er vermutlich mit vielen anderen teilt, egal, ob sie Einheimische oder Flüchtlinge sind. Gut möglich, dass die Freundin mit ihrer Vermutung, es sei eine Sehnsucht nach intensiver Kommunikation und Nähe, die das Engagement für Flüchtlinge motiviere, Recht hat. Andererseits schildern Menschen aus Syrien, dem Irak oder Afghanistan eine Art

Grundmisstrauen in ihrer Heimat, das sie so in Deutschland nicht finden. Und dennoch ist die Herstellung von Vertrauen eine der Herausforderungen, die es beim Schließen von Freundschaften zwischen Fremden zu überwinden gilt. Wie kann das funktionieren?

Nicht nur die Hilfsbereitschaft vor dem LAGeSo beeindruckte, auch das Vertrauen, das sich Fremde entgegenbrachten. Man muss sich die Situation vor Augen führen. Mit farbigen Warnwesten standen wir vor dem Gelände des LAGeSo. Im Herbst 2015 warteten wir einfach nachts, ob Flüchtlinge auftauchten. Sie kamen die Straße entlang gelaufen, vielleicht von sogenannten Schleppern irgendwo in der Nähe abgesetzt, oder stiegen aus einem Taxi, das sie vom Hauptbahnhof gebracht hatte. Wir sprachen sie an, manchmal mit der Hilfe von Übersetzerinnen und Übersetzern, die oft selbst Geflüchtete waren, manchmal konnten wir uns mit mehr oder weniger bruchstückhaftem Englisch verständigen und manchmal mussten Gesten ausreichen. Wir baten darum, Dokumente lesen zu können, um herauszufinden, ob es eine Chance auf einen Platz in einer offiziellen Notunterkunft, einer Traglufthalle, bekannt als Balloon, gab, oder ob wir versuchen mussten, sie privat unterzubringen. Wir telefonierten, fragten, ob sie einen Schlafplatz wollten, setzten sie ins Taxi oder fuhren sie selbst zu einer Unterkunft.

Kindern wird beigebracht: Redet nicht mit Fremden, geht nicht mit ihnen mit. Genau das machten wir nachts, auch wenn es sich in der Regel um Erwachsene handelte (unbegleitete minderjährige Flüchtlinge fuhren wir zu den entsprechenden städtischen Stellen). Wieso sollten Flüchtlinge diesen Fremden vertrauen, die sie nachts auf der Straße ansprachen? Wieso sollten deutsche Gastgeber mitten in der Nacht Menschen in ihre Wohnung lassen, mit denen sie sich kaum verständigen konnten? Es bedarf vermutlich eines gewissen Muts, eines gewissen Vertrauensvorschusses, diesen Schritt zu machen. Kleine Gesten können Vertrauen signalisieren. Eine zum Gruß gereichte Hand, Wasser oder Tee, etwas zu essen, ein Teddybär für Kinder und nicht zuletzt Übersetzer, die Menschen in ihrer

Sprache ansprechen können: All das konnte helfen, Vertrauen zu bilden. Und vielleicht sprach es sich auch einfach herum, dass man uns ansprechen konnte und wir versuchen würden zu helfen. Aber nicht immer klappte die Vertrauensbildung. Eine alleinerziehende Mutter hatte offensichtlich schlechte Erfahrungen gemacht und den falschen Leuten vertraut. Jedenfalls vertraute sie uns nicht, wie sie freimütig eingestand, so dass wir ihr nur ein paar Windeln für das Kind bringen konnten, die sie dankbar annahm.

In anderen Situationen ließ sich Misstrauen überwinden. Im November 2015 sprachen wir eine junge Frau an, die zusammen mit einem jungen Mann und einem kleinen Kind aus dem Taxi gestiegen war. Zuerst dachten wir, dass es sich um ein junges Ehepaar mit Kind handelte, aber es stellte sich heraus, dass die zwanzigjährige Frau mit ihren beiden Brüdern, 17 und 5 Jahre alt, gerade in Berlin angekommen war. Ihre Eltern waren in Chemnitz und sie wollte auch dorthin. Sie war, verständlicherweise, verängstigt und unsicher. Wir sprachen mit ihr, gaben dem kleinen Kind ein Kuscheltier, versorgten sie mit Wasser und organisierten dann einen Platz, wo sie die nächsten beide Nächte schlafen konnten, bis sie zu ihren Eltern nach Chemnitz weiterreisten. Ein arabischsprachiger Helfer sprach lange mit ihr und sie gewann Sicherheit zurück. Noch Tage später erhielten wir dankbare Nachrichten von ihr. Flüchtlinge waren auch immer wieder verwundert über das Vertrauen, das ihnen entgegengebracht wurde. Ich erinnere mich an eine kleine Gruppe junger Syrer, die uns völlig verwirrt den Wohnungsschlüssel einer WG zeigte, in der wir sie für eine Nacht untergebracht hatten. Die WG hatte sie eingeladen zu bleiben und ihnen einfach den Schlüssel in die Hand gedrückt. Es ließen sich viele Geschichten wie diese erzählen.

Die Begegnung mit der jungen Frau und ihren Geschwistern blieb flüchtig, wie viele andere auch. Viele Menschen, mit denen wir sprachen, sahen wir nie wieder, und auch viele Gastgeber boten nur für eine Nacht ein Bett an, ohne in Kontakt mit ihren Gästen zu bleiben. Aber auch wenn diese Begegnungen flüchtig blieben, so sind sie dennoch wichtig, nicht zuletzt weil sie Vertrauen schaffen. Denn wer die Erfahrung macht, dass man einem Fremden vertrauen kann, dass auf der einen Seite Hilfe angeboten wird, dass diese auf der anderen Seite nicht ausgenutzt wird, wird in Zukunft, hoffentlich, leichter vertrauen. Und wer solche Erfahrungen macht, wird auch darüber berichten und so zu mehr Vertrauen animieren können (wer umgekehrt negative Erfahrungen macht, dem wird Vertrauen in der Zukunft schwerer fallen, etwas, was sich auch im Kontext der Unterstützung von Flüchtlingen beobachten ließ). In anderen Fällen blieben wir in Kontakt, so dass sich Vertrauen und letztlich Freundschaften bilden konnten. Ein erster Schritt war, auf Facebook Freundschaft zu schließen. So konnte man nicht nur nachfragen, ob Probleme gelöst wurden (und es neue gab), sondern auch anfangen, sich über das Leben in Berlin, über allerlei Alltagsfragen, von Partys bis zu Einkaufsmöglichkeiten, zu unterhalten, damit aus Unterstützenden und Flüchtlingen Freundinnen und Freunde wurden. Sicherlich half es, wenn es gelang, Probleme effektiv zu lösen und so kompetentes Wissen zu vermitteln. Dass der Bus, auf den Mariams Familie bei unserer ersten Begegnung gewartet hatte, wie vorhergesagt nicht kam, trug sicherlich dazu bei, dass sie mir Vertrauen schenkte. In der Folge half ich der Familie, die in eine Turnhalle verlegt werden sollte, dass sie in der deutlich besseren Unterkunft bleiben konnte. So baute sich Schritt für Schritt Vertrauen auf.

Soziologen haben ausführlich über Vertrauen nachgedacht, was Vertrauen ist, wie es zustande kommt und welche Bedeutung es in der Gesellschaft hat. In einer komplexen Gesellschaft, argumentiert etwa Niklas Luhmann, können wir nicht jede Information überprüfen. Wir müssen darauf vertrauen, dass Informationen richtig sind, ebenso wie wir darauf vertrauen müssen, dass unser Gegenüber grundsätzlich ehrlich ist und keine schlechten Intentionen verfolgt. Luhmann schreibt dazu:

Vertrauen wird, weil die Wirklichkeit für eine reale Kontrolle zu komplex ist, mit Hilfe symbolischer Implikationen kontrolliert, und dazu dient ein grob vereinfachtes Gerüst von Indizien, die nach einer Art Rückkoppelungsschleife laufend Informationen darüber zurückmelden, ob die Fortsetzung des Vertrauens (und, so ließe sich ergänzen, das erstmalige Gewähren von Vertrauen) gerechtfertigt ist oder nicht. [10]

Einer geprüften und zugelassenen Ärztin vertrauen wir im Allgemeinen, dass diese ihr Metier beherrscht und uns im Krankheitsfall helfen kann und will. Uns sind die kulturellen Codes bekannt, die Vertrauen signalisieren. Wer fremd ist, der wird diese Codes nicht so gut kennen. Für Flüchtlinge, die mit einer Vielzahl an Gerüchten konfrontiert sind, ist es deshalb immer wieder eine Herausforderung zu wissen, wem und welchen Informationen sie vertrauen können, wobei die Informationen, die ihnen deutsche Bekannte und Freundinnen geben, keineswegs immer zuverlässig sind. Deshalb sind die kleinen Gesten ebenso wie erfolgreiche Hilfe so wichtig, denn sie fungieren als Indizien, dass vertraut werden kann.

Ohne Vertrauen funktioniert gesellschaftliche Kooperation im Kleinen wie im Großen nicht. Daher ist Vertrauen so wichtig für eine Gesellschaft, nicht nur emotional, sondern auch funktional; daher ist der Verlust von Vertrauen in Nachbarn, Freundinnen und auch politische Genossen, wie ihn Menschen aus Syrien, dem Irak oder Afghanistan oft beschreiben, so verheerend, und daher ist schließlich auch der Aufbau von Vertrauen, wie es in Freundschaften passiert, so wichtig. Aus der Perspektive von Flüchtlingen ist Vertrauen mit einer gewissen Gefahr verbunden, ist ihr Status doch, zumindest solange sie nicht anerkannt sind, prinzipiell prekär. Wem kann man also die Wahrheit sagen, etwa über vorherige Aufenthalte in einem anderen EU-Land, was ein Dublin-Verfahren nach sich ziehen könnte? Mit wem kann man offen über Fluchtgründe sprechen und dabei auf dessen Verschwiegenheit gegenüber staatlichen Stellen setzen? Welchen Hinweisen für die Anhörung im

---

10 Niklas Luhmann: *Vertrauen. Ein Mechanismus der Reduktion sozialer Komplexität* [1968]. Stuttgart: UTB 2000, S. 35–36.

Asylverfahren kann man vertrauen? Für Flüchtlinge sind dies im Zweifelsfall (über)lebenswichtige Fragen. Deutsche, die enttäuscht sind, weil geflüchtete Freundinnen und Freunde ihnen nicht gleich die ganze Wahrheit sagten, die sich daher hintergangen fühlen, sollten diese Situation im Kopf behalten.

Wo Freundschaften dazu beitragen können, dass Vertrauen gebildet wird, kann staatliches Handeln dazu beitragen, dass dies zerstört wird. Ganz praktisch war das Verwaltungschaos vor dem LAGeSo sicherlich alles andere als dazu geeignet, Vertrauen in den Staat und seine Institutionen aufzubauen. Ein Staat, der einen zum Termin um acht Uhr morgens einbestellt, wofür man sich um zehn Uhr am vorherigen Abend anstellen muss, um dann nur mit Glück auch dran zu kommen, trägt sicherlich nicht dazu bei, dass ihm vertraut wird. Auch die privaten Sicherheitsleute, die offiziell zwar nicht den Staat repräsentieren (die Polizei, das sei angemerkt, hatte einen wesentlich besseren Ruf bei Flüchtlingen), wohl aber dessen Autorität vor Ort, vor dem LAGeSo oder in Notunterkünften, tragen mit einem oft aggressiven Verhalten ebenso wenig zur Vertrauensbildung bei, wie es oft gehörte Geschichten von Korruption tun, denen zufolge Securitymitarbeiter gegen Bezahlung Plätze in besseren Unterkünften vermitteln. Will der Staat Vertrauen in seine Institutionen schaffen, so sollte er hier dringend einschreiten. Aber auch auf politischer Ebene tragen die regelmäßigen Änderungen im Asylrecht oder in der Anerkennungspraxis des Bundesamts für Migration und Flüchtlinge (BAMF) zur Verunsicherung und nicht zum Vertrauensaufbau bei. Ein syrischer Mann schilderte mir beispielsweise die Reaktionen auf die Praxis des BAMF, das seit dem März 2016 zunehmend nur noch subsidiären Schutz gewährt, für den der Familiennachzug ausgesetzt wurde.[11] Aus der Perspektive der Betroffenen mutet

---

11 Grundsätzlich gibt es vier verschiedene positive Asylbescheide: erstens, politisches Asyl nach Art. 16a Grundgesetz, das aber so gut wie niemand erhält, da man hierfür direkt, also mit dem Flugzeug oder Schiff, nach Deutschland eingereist sein muss. In der Praxis hat dies allerdings kaum Konsequenzen, da dann die Genfer Flüchtlingskonvention greift. Wer einen

dies schlicht willkürlich an. Wer Glück hatte und entweder früh angekommen war oder wessen Antrag schnell abgearbeitet wurde, konnte seine Familie, theoretisch, nachholen, wer Pech hatte, nicht, ohne dass es dafür einen ersichtlichen sachlichen Grund gab. So entstand der Eindruck, Deutschland würde die Regeln von einem Tag auf den anderen ändern, und womöglich würde es bald alles dafür tun, die Flüchtlinge schnell wieder loszuwerden. Auf diese Weise lassen sich Menschen kaum zum Spracherwerb oder für Ausbildungen motivieren, was angesichts der Ängste um noch in Syrien verbliebene Familienmitglieder und Freundinnen und Freunde schon schwer genug ist.

Schutzstatus gemäß der Genfer Flüchtlingskonvention erhält, der zweite Schutzstatus, darf zunächst drei Jahre in Deutschland bleiben und vor allem seine Familie (Ehepartner und minderjährige Kinder) nachholen. Unbegleitete Minderjährige dürfen in diesem Fall ihre Eltern nachholen, solange dies vor ihrem 18. Geburtstag geschieht. Allerdings entscheiden Ausländerbehörden nun so, dass keine minderjährigen Geschwister kommen dürfen, was beispielsweise dazu führte, dass zwar die Eltern ein Visum erhielten, aber nicht die achtmonatige Schwester. Nur das Engagement der Flüchtlingspaten Syrien e. V. machte deren Nachzug schließlich möglich. Als Flüchtling wird anerkannt, wer eine individuelle Verfolgung im Heimatland nachweisen kann. Greift dieser Status nicht, so gibt es die Möglichkeit des subsidiären Schutzes, den man erhalten kann, wenn zwar keine individuelle Verfolgung vorliegt, wegen der Lage im Heimatland, etwa wegen eines Bürgerkriegs, dennoch keine Rückkehr zumutbar ist. In diesem Fall darf man zunächst ein Jahr in Deutschland bleiben, auch wenn die Berliner Ausländerbehörde vorausschauend gleich eine dreijährige Aufenthaltserlaubnis ausstellt. Für subsidiär Schutzberechtigte ist der Familiennachzug bis März 2018 ausgesetzt; gegenwärtig wird von Seiten der CDU eine Verlängerung dieser Frist gefordert. Schließlich gibt es, viertens, Abschiebeverbote aus humanitären Gründen, etwa wenn Menschen sehr schwer erkrankt sind und eine Behandlung im Herkunftsland nicht möglich ist.

VI. Normalität

Was ist anders in Deutschland als in Syrien oder in Afghanistan? Was ist fremd hier in Berlin, im positiven oder im negativen Sinne? Da gibt es sicherlich ein paar Klischees, von denen nicht alle falsch sind. Kristin Helberg listet auf, was „Syrern in Deutschland" auffällt: Alle Menschen sind gestresst und haben nie Zeit; Männer küssen sich auf der Straße; niemand hilft Frauen beim Tragen schwerer Einkaufstüten; Jungen und Mädchen gehen fast nackt miteinander schwimmen und trotzdem passiert nichts; um deutsche Freunde zu treffen, muss man zwei Wochen vorher einen Termin vereinbaren.[12] Auch ich stellte immer wieder die Frage nach Unterschieden, wenn ich mit Menschen aus Syrien, dem Irak oder Afghanistan sprach, und oft erhielt ich ähnliche Antworten, etwa was den deutschen Hang zu langfristig geplanten und verbindlichen Verabredungen anbelangt. Mariam stellte ich diese Frage, schnell nachdem wir uns kennengelernt hatten. Anderen Geflüchteten stellte ich diese Frage, als ich das Buchprojekt bereits im Kopf hatte. Schließlich sollte es darum gehen, wie mit Fremdheit umgegangen wird, ob und wie Freundschaften einen Raum dafür bieten, Fremdheitserfahrungen auszuhandeln und auszuhalten. Dass es hier Fremdheitserfahrungen geben müsse, war gleichsam die Prämisse, mit der ich arbeitete. Die Frage, wie mit ‚Kulturschocks' umgegangen werden soll, steht ja auch im Rahmen vieler Abhandlungen über Integrationschancen. So wartet Kristin Helberg mit dem Vorschlag auf, ein paar deutsche Freunde oder Nachbarn sollten jeweils mit einer kleinen

12 Helberg: *Verzerrte Sichtweisen*, S. 69.

Gruppe von Syrern ins Schwimmbad gehen, um ihnen dort die Regeln des Badens in Deutschland beizubringen.

Als ich die Frage nach Unterschieden stellte, enttäuschten mich die Antworten oft. Was in Berlin anders ist als in Damaskus? In Damaskus gibt es kein so gutes öffentliches Nahverkehrssystem, erklärte mir ein junger Syrer. Es war ein nettes Kompliment für Berlin, aber eine wirklich dramatische Fremdheitserfahrung war dies nicht. Ich musste ein wenig nachbohren, bis er mir erklärte, in Syrien wäre es nicht so einfach möglich gewesen, sich mit der Freundin im Café auf ein Date zu treffen. Das war es, was ich hören wollte. Ein anderer Syrer erklärte auf meine Nachfrage, was ihm an Berlin nicht gefalle, das Essen sei komisch hier. Warum serviert man Reis mit Salat? Ich war verwundert: Was die Menschen in der Notunterkunft zu essen bekamen, klang nicht nach typisch deutscher Küche. Aber zugegeben, syrisches Essen schmeckt auch besser als deutsche Hausmannskost. Ein dritter Syrer schließlich, mit dem ich mich in der Nähe des Kottbusser Tors in einem Café traf, erklärte, er würde diesen Teil Berlins nicht mögen, hier seien zu viele Drogendealer unterwegs, und auch er selbst wäre schon von potentiellen Käufern angesprochen worden, weil er wie ein Dealer aussehe – auch eine Form des Rassismus. Eine junge Syrerin, die ich zusammen mit ihrem Bruder getroffen hatte, um ihnen bei der Suche nach einem Schulplatz zu helfen, blieb beim Verlassen des Cafés schockiert stehen: Ein offensichtlich obdachloser Mann, dem beide Beine amputiert waren, bettelte dort. Warum ihm niemand, warum auch wir ihm nicht helfen würden, fragte sie. Eine gute Antwort hatte ich nicht, nur, dass man leider nicht jedem Menschen helfen könne. Ich habe keine Ahnung, ob das ein Kulturschock war; den Mangel an Solidarität gegenüber Schwachen jedenfalls empfand sie als verstörend. Und ein fast vierzigjähriger Afghane, ein Familienvater, der sich vom Islam abgewandt hatte, antwortete auf meine Frage, was er hier denn fremd finde, dass es schlicht nichts gebe, weswegen er sich hier fremd fühle. Sie seien eine offene Familie, sie hätten den „Westen" über Internet und Fernsehen kennengelernt, und sie fühlten sich hier nicht wie in der Fremde. Anders als im Iran, wo die Familie vorher gelebt hatte, könnten er und seine Familie ohne Angst über den Markt gehen.

Kaum überraschend war auch die Antwort auf meine Frage, was an Berlin schlecht sei: das LAGeSo und die deutsche Bürokratie, dass man für alles Papiere brauche, wie eine sechzehnjährige Afghanin, mit deren Familie ich befreundet war, einmal seufzte. Deutsche Behörden drücken den Menschen jede Menge Papiere und Formulare in die Hand, die sie selten verstehen, sie vergeben Termine, ohne sie selbst einzuhalten, und lassen Flüchtlinge Ewigkeiten in Zelten und Bussen warten. Je höher der Stapel mit deutschen Papieren ist, desto besser ist man wohl integriert, scherzte ein junger Syrer. Unter deutschen Helfern löst die Unzuverlässigkeit von Behörden, aber auch diejenige von Flüchtlingen (Behörden geben da ja ein gutes Beispiel ab) Frustration aus. Vermutlich alle Helfer können ein Lied von geplatzten Terminen und mit Stunden verbrachten Wartens erzählen. Andererseits wundern sich auch Flüchtlinge über deutsche Verbindlichkeit. Wenn sich für den nächsten Tag verabredet, dann bedeutet das doch nicht, dass man sich auch um die verabredete Uhrzeit trifft, sondern dass man noch mindestens drei Mal vorher telefoniert, so erzählte mir ein junger Syrer lachend. Aber zumindest dieser Syrer bemerkte, dass deutsche Verbindlichkeit doch auch etwas Gutes habe. Mittlerweile bin ich es auch immer, der Flüchtlinge in Antizipation ihrer Unpünktlichkeit warten lässt. Dass sich Deutsche aber immer für alles verabreden müssen, dass sie in ihrem durchgeplanten Tagesablauf kaum Zeit für spontane Treffen haben, fand der junge Mann seltsam. Deutsche, so kommentierte er, würden selbst zum Toilettengang einen Termin vereinbaren.

All diese Äußerungen fand ich durchaus nachvollziehbar. Aber es waren nicht die Erfahrungen kultureller Fremdheit, die mich so sehr interessierten. Vielleicht war meine Prämisse falsch. Vielleicht gibt es weniger Fremdheitserfahrungen, als ich erwartet hatte, vielleicht gibt es mehr Verbindendes als Trennendes. Sicherlich, die Menschen, mit denen ich gesprochen habe, waren tendenziell offen und aufgeschlossen, und vielleicht zögerten sie auch aus einer Konformitätserwartung heraus, mir gegenüber Dinge anzusprechen, die sie für problematisch hielten. Aber die Enttäuschung darüber, dass sich die Geflüchteten nicht so fremd fühlten, wie ich es erwartet hätte, lenkt den Blick auf die vielfältigen Momente des Verbindenden. Selbst mit Mariam, mit der ich mich am intensivsten über Fremdheitserfahrungen auseinandergesetzt habe, gab es viele verbindende Momente, in denen kaum etwas von Fremdheit spürbar war. Es sind die ‚ganz normalen' Momente einer Freundschaft, in denen man zusammen lacht, sich über private Sorgen und Wünsche unterhalten kann, zusammen ausgeht, tanzt oder Sport macht, in denen Fremdheit verschwindet.

Über Normalität zu schreiben, ist nicht leicht. Es ist vielleicht auch langweiliger als von Konflikten zu berichten, oder von den manchmal skurrilen Momenten, zu denen es bei Begegnungen von Fremden kommen kann. Aber über diese Normalität zu schreiben ist vielleicht umso wichtiger, denn jene Momente des ganz normalen Beisammenseins, in denen sich eine Freundschaft gerade konstituiert, zeigen praktisch im Alltag, dass es neben all den Unterschieden, neben all der Fremdheit, auch viel Verbindendes gibt. Daher sind Freundschaften zwischen Geflüchteten und Einheimischen auch nicht als Integrationsmaßnahme *par excellence* zu betrachten. Freunde sind keine Paten und Begleiter im Alltag, die den Neuankömmlingen deutsche Kultur und deutsche Regeln vermitteln. Vielleicht bedarf es manchmal einiger Erklärungen zur deutschen Bürokratie, aber, es ist eigentlich banal, es brauchte niemanden, der Mariam und mir erklärte, wann wir lachen sollten.

Aber zugegeben, afghanischer Humor kann ein wenig gewöhnungsbedürftig sein. Manchmal habe ich den Eindruck, dass sich Afghanen einen Spaß daraus machen, andere nach Strich und Faden auf den Arm zu nehmen. Ein afghanischer Freund schrieb eines Nachts auf Facebook, er habe eine schöne Spanierin kennengelernt und sei nun mit ihr auf dem Weg nach Paris. Wir verfielen in Panik. Sollte er während des laufenden

Asylverfahrens das Land verlassen, war Ärger vorprogrammiert. Wir überlegten sogar, zum Bahnhof zu fahren, um ihn abzuhalten. Aber er reagierte nicht mehr. Irgendwann früh morgens dann kam eine Antwort: Nein, er hatte die Nacht in einem der Zelte vor dem LAGeSo verbracht und nur von einer schönen Frau und einer Reise nach Paris geträumt. Kein Wunder, dass man in einem stickigen Wartezelt zwischen Absperrgittern eingeklemmt davon träumt, aber wir hätten ihm den Hals umdrehen können.

An einem Nachmittag im Sommer 2016 war ich mit Mariam Eis essen. Es war das einzige Mal, dass wir uns ohne eine Begleitung ihrerseits sahen. Es war eine spontane Verabredung. Sie hatten einen Termin am LAGeSo gehabt, war fertig, ich wohnte in der Nähe: ich fragte, mehr zum Spaß, ob sie ein Eis essen wolle. „Yeah, why not", war ihre Antwort. Ich hatte nicht wirklich damit gerechnet, hieß es doch sonst immer wieder: „Mom does not allow". Aber diesmal war die Mutter nicht in der Nähe, und was sie nicht wusste, interessierte sie auch nicht. Also sprang ich schnell auf's Fahrrad, unrasiert und ohne mich zurecht zu machen. Ich hätte Zeit gehabt, denn natürlich musste ich erst einmal zehn Minuten warten, bis Mariam kam. Wir spazierten die Straße hinab, unterhielten uns über dies und jenes und aßen ein Eis. Mariam bestand darauf zu bezahlen und wollte dann einen Wettbewerb veranstalten, wer die Kugel schneller isst; aber so kann man doch nicht genießen, hielt ich ihr entgegen. Sie fragte mich nach meiner neuen Freundin, ob sie gut aussehe (natürlich!), was sie mache und wie es ihr gehe. Natürlich schwärmte ich von ihr; auch über ihre umfangreiche Schuhkollektion machte ich eine scherzende Bemerkung. Mariam lachte: „Yeah, all girls are like this." Dass andere, deutsche Freundinnen da deutlich widersprachen, wird nicht überraschen, und sie haben ja auch Recht: nicht jede Frau entspricht dem Stereotyp der schuhverrückten Frau. Aber dieser Einwand verkennt, worum es hier geht. Konsum, das durch und durch kapitalistische Versprechen auf materiellen Reichtum und Genuss und die Sehnsucht nach diesem Genuss, eine Sehnsucht, wohlgemerkt, die ich selbst nicht habe, konnte Mariam und meine Freundin verbinden, auch wenn Mariam diese nur aus meinen Erzählungen kannte. Immer wieder schickte mir Mariam begeistert Fotos von neu erstandenen (und, ihrem Budget entsprechend, billigen) Schuhen, fragend, ob ich sie schön fände. Auch als ich später einmal scherzend darüber klagte, dass die Schuhe meiner Freundin viel zu viel Platz beanspruchen würden und es nun eine neue Regel gebe: keine neuen Schuhe mehr, war Mariam schnell auf ihrer Seite. Natürlich brauche eine Frau neue Schuhe, wenn die alten außer Mode seien. Auf mein eher spartanisches Konsumverhalten, zumindest was Kleidung anbelangt, blickte Mariam hingegen skeptisch. Hoffentlich würde ich mich wenigstens schön anziehen, wenn ich meine Freundin sehe, meinte sie, als ich sie unrasiert und in kurzen Hosen zum Eisessen traf. Während Konsum und der Wunsch nach Konsum verbindend sein können, löst Konsumverzicht Irritationen aus. Die leicht unkonventionell gekleidete Hochzeitsgesellschaft in Kreuzberg hatte bei Mariam ja bereits lautes Lachen hervorgerufen. Auch mir gegenüber wunderte sie sich, dass ich viel arbeitete, aber kaum Geld ausgab, Fahrrad anstatt Auto fuhr und keine teure Kleidung trug.

Konfrontationen mit westlicher Freizeitkultur, mit Clubs und Diskos, werden immer wieder gerne als Beispiel dafür angeführt, wie schwierig Integration sein kann, da gerade junge Männer aus dem Nahen Osten dort leicht bekleidet tanzende junge Frauen als eine Art Freiwild empfänden. Aus Freiburg, aber auch aus Leipzig waren etwa Berichte zu lesen, selbst linksalternative Clubs würden Flüchtlingen den Einlass verwehren. Der Freiburger Club White Rabbit, der seit Jahren für Solidarität mit Flüchtlingen steht, erließ im Januar 2016 ein Einlassverbot für Menschen mit Aufenthaltsgestattung, da es zu zahlreichen Übergriffen auf Frauen und Personal des Clubs gekommen war. Der Club führte allerdings gleichzeitig, was in der öffentlichen Erregung leicht unterging, einen Clubausweis ein, den auch Flüchtlinge erwerben konnten und bei dessen

Erwerb über Verhaltensregeln im Club aufgeklärt wurde. So wollte man, hieß es von Seiten des Clubbetreibers, in einen Dialog mit Flüchtlingen treten.

Hin und wieder war ich auch an der „Integration ins Nachtleben", wie der Freiburger Club sich ausdrückte,[13] beteiligt – auch wenn wir eigentlich nur mit unseren Freunden feiern wollten. Es waren immer wieder interessante Momente. Im Herbst 2015 hatten ein paar andere Aktive kostenlosen Eintritt in einen Berliner Club organisiert. Nach einer Nacht am LAGeSo gingen wir, ich selbst und zwei junge Afghanen, gegen drei Uhr morgens noch dorthin. Es war das erste Mal, dass die beiden Afghanen einen Club betraten. Für die beiden war es offensichtlich eine neue und ungewohnte Erfahrung: die Örtlichkeit, das Licht, die Musik, weniger die Frauen. Der jüngere der beiden wunderte sich auch über deutsche Feierkultur. Zwar tanzten die Leute, aber niemand machte Späße, und auf dem Heimweg lachte kaum jemand. Allerdings dauerte es nicht lange, bis er begann, das Berliner Nachtleben zu erkunden. Ein paar Monate später, es war mittlerweile Sommer, traf ich den anderen der beiden wieder, um auf ein Konzert beim Hoffest eines alternativen Clubs zu gehen. Er hatte noch zwei weitere afghanische Freunde mitgebracht. Ich war gespannt, wie sie das Fest finden würden. Sie passten vom Erscheinungsbild nicht unbedingt in die Szenerie, und ich konnte mich auch nicht mit ihnen unterhalten, da nur mein Freund Deutsch sprach. Aber sie hatten offensichtlich Spaß. Sie zückten ihre Handys und filmten das Konzert (was sonst kein Deutscher machte, aber es störte auch niemanden). Sie lachten, klatschten (was sonst auch niemand machte) und tanzten sogar ein wenig. Sie fühlten sich kaum fremd in diesem Moment. Nur klagte mein Freund später, es sei nicht leicht, Leute zu finden, mit denen man tanzen gehen könne. Er hatte eine Bekannte

---

13 Das Zitat stammt aus einem Facebook-Kommentar des Clubs vom 23.01.2016. Siehe auch Christian Rath: Diskriminierung in Freiburg. Integration ins Nachtleben. In: *taz*, 24.01.2016. http://www.taz.de/!5267786/ (Zugriff am 28.09.2016).

aus Südamerika, aber wusste nicht, ob es in Ordnung wäre, sie zu fragen, ob sie mit ihm tanzen wollte. Ein letztes Beispiel mag verdeutlichen, wie leicht es sein kann, in Berlin anzukommen und sich hier zu verlieren. Ein junger Syrer hatte endlich, wir freuten uns, Freunde in seinem Alter gefunden, mit denen er ausgehen konnte. Eines Tages schickte eine deutsche Freundin, die sich seit seiner Ankunft um ihn gekümmert hatte, eine Textnachricht: Er war im Club mit seinen neuen Freunden. So weit, so gut; nur fühlte er sich dort schrecklich einsam. Willkommen in Berlin, dachten wir.

Zumeist gingen wir mit geflüchteten Männern aus. Dass Mariam in eine Disko geht, ist unvorstellbar. Nur einmal gingen wir, meine Freundin und ich, mit einem afghanischen Mann Ende 30 und dessen Ehefrau tanzen. Ich wusste, dass der Frau Schlimmes widerfahren war, dass sie sich in psychologischer Behandlung befand und dass der Mann sich nicht zuletzt deshalb vom Islam abgewandt hatte. Gerade der Mann betonte immer wieder, wie sehr er die Offenheit und Freiheit in Deutschland schätzte. Er war zuvor schon mit einer anderen deutschen Freundin tanzen gewesen, aber für seine Frau war es die erste Begegnung mit deutscher Club- und Tanzkultur. Also tranken wir zuerst einen Kaffee und machten uns dann auf den Weg in einen eher alternativen Club mitten in Kreuzberg. Zu meiner Überraschung kaufte der Mann zwei Flaschen Bier für sich und seine Frau. Seine Frau war anfangs ein wenig zurückhaltend, aber dann tanzten die beiden Hand in Hand bis in die frühen Morgenstunden (sonst tanzte wohl niemand händehaltend, aber auch das war egal). Während deutsche Gäste zu den Texten der Ärzte oder Toten Hosen laut mitsangen oder eher grölten – „du hast nie gelernt dich zu artikulieren, und deine Eltern hatten niemals für dich Zeit – Arschloch", sangen die Ärzte – schauten sich die beiden verliebt in die Augen, ohne ein Wort zu verstehen. Für die Frau war es sicherlich eine neue, vielleicht auch fremde, aber vor allem eine schöne Erfahrung. Vielleicht brauchten sie deutsche Freunde, die ihnen sagten, wo sie tanzen gehen konnten, die sie dazu auch ermunterten, aber sie brauchten sicherlich keine Paten zur Begleitung. Es war auch keine Integrationsmaßnahme. Wir hatten schlichtweg Spaß an diesem Abend.

Ähnlich läuft es beim Sport ab. Als ich Mariam in ihrer Unterkunft besuchte, sprachen mich schnell andere Afghanen an, während Mariam übersetzte. Ein junger Afghane fragte, ob ich für seine Brüder einen Taekwondoverein finden könnte. Sie hätten schon im Iran trainiert und würden das gerne weitermachen. Ich war nicht sehr optimistisch, war das doch ein etwas speziellerer Wunsch. Aber ich hatte Glück. Über Facebook fand sich binnen kurzer Zeit ein Amateurverein, bei dem die beiden Jungs trainieren konnten. Und sie überzeugten schnell durch ihr Können und die Konstanz, mit der sie zum Training kamen, so sehr, dass die Trainer sie zu einem anderen Verein schickten, bei dem auf Leistungsniveau trainiert wird. Seitdem sehe ich auf Facebook immer wieder Videos der Turnierkämpfe der beiden Jungs, die regelmäßig Medaillen gewinnen. Sportliches Können funktioniert unabhängig von der Herkunft. Dass sie mit einer Trainerin arbeiteten, machte den Jungs übrigens keinerlei Schwierigkeiten.

Manchmal hat Normalität fast schon etwas Absurdes. Mitte Dezember 2016 lud ich ein paar deutsche und syrische Freunde zum Abendessen ein. Zwei Tage vorher noch hatte ich meine syrischen Freunde, die sich untereinander nicht kannten, auf einer Demonstration für Aleppo gesehen. Es waren traurige und doch bewegende Momente auf dieser Demonstration. Die Syrerinnen und vor allem Syrer (es war eine sehr männliche Demonstration) sangen von Freiheit und von ihrer Revolution; sie skandierten Parolen gegen das Assad-Regime und gegen Russland, das an den Angriffen auf Aleppo beteiligt war. Auch ohne ein Wort zu verstehen trieb es mir Tränen in die Augen. Alle drei syrischen Freunde, die ich eingeladen hatte, waren politisch oder humanitär aktiv gewesen: einer als Menschenrechtsaktivist, ein zweiter als Sanitäter, der dritte hatte nach der Überfahrt nach Lesbos im Dezember 2015 dort zwei Monate lang anderen Flüchtlingen geholfen. Sie alle hatten bewegende

Geschichten zu erzählen und einiges über Politik in Syrien zu sagen. Aber beim Abendessen interessierten sie sich mehr für das deutsche Steuersystem und die Frage, ob es besser sei, angestellt oder selbstständig zu sein. Und so diskutierten wir lebhaft über den Sinn und Unsinn von Steuern, eine Diskussion, die sich wohl an jedem Stammtisch der FDP hätte zutragen können. Eine gewisse Abneigung gegen Steuern verbindet vermutlich auch.

Wenn die Rede auf Flüchtlinge und deren Integration kommt, dann wird vornehmlich auf deren Fremdheit abgezielt, auf eine uns fremde Kultur und Religion, die mit westlichen Werten nur schwer vereinbar sei. Integration, so sie denn möglich sei, bedeute daher auch, dass Flüchtlinge ihre Fremdheit überwinden, dass sie deutsche Regeln und Normen akzeptieren und nach ihnen leben. Ich möchte nicht bestreiten, dass es solche Fremdheitserfahrungen gibt. In der Freundschaft zwischen Mariam und mir prallen manchmal Welten aufeinander. Aber die Konzentration auf Fremdheitserfahrungen verstellt den Blick darauf, dass man sich im Alltag oftmals gar nicht so fremd ist. Ob sich daraus ein Argument für eine von uns allen geteilte Menschlichkeit konstruieren lässt, ob wir bestimmte Sehnsüchte und Werte, den Wunsch nach Liebe und Vertrautheit, die Wertschätzung von Geselligkeit beim gemeinsamen Essen einfach teilen oder ob etwa Konsumträume ein Anzeichen für eine globalisierte Welt sind, die uns jenseits kultureller Differenzen verbindet, weiß ich nicht. Es ist auch eine unerhebliche Frage. Wichtig ist, diese Gemeinsamkeiten wahrzunehmen, die eine Basis für Freundschaften bilden können, auch wenn sie für Schlagzeilen weniger taugen.

VII. Konflikte

„Einfach ist das alles nicht." So ließen sich viele Unterhaltungen mit Menschen, die in der Flüchtlingshilfe engagiert sind, zusammenfassen. Natürlich gibt es immer wieder Schwierigkeiten mit der Bürokratie. Menschen werden von einem Amt ins nächste geschickt, das wiederum ein anderes oder auch das schickende Amt für zuständig erklärt. Ämter überweisen Leistungen oder die Miete zu spät, so dass Menschen Gefahr laufen, ihre Wohnung zu verlieren und Freiwillige mit Darlehen einspringen müssen; Menschen werden zu Terminen, etwa zur Anhörung im Asylverfahren beim BAMF, einbestellt, wobei deutsche Freundinnen oder Freunde sie begleiten, und verbringen dann den ganzen Tag wartend, nur um mit einem neuen Termin wieder nach Hause geschickt zu werden. Einem jungen afghanischen Flüchtling gelang es, ein Angebot für ein Praktikum bei einer global tätigen IT-Firma zu ergattern, sogar bezahlt. Aber zunächst lehnte die Ausländerbehörde den Antrag auf Beschäftigung ab, und es bedurfte einiger Mühe, bis der junge Mann dort wirklich arbeiten konnte. Anderen Flüchtlingen gelingt es, eine Arbeit zu finden, so dass sie keine Leistungen mehr nach dem Asylbewerberleistungsgesetz mehr erhalten. Dies bedeute aber auch, dass sie auf einmal Miete für ihre Unterkunft in einem Heim oder gar in einer Turnhalle bezahlen sollen, eine Summe, die weit über einer normalen Miete liegt und mit den kleinen Einkommen, die Flüchtlinge dann verdienen, schlicht unbezahlbar ist. Eine reguläre Wohnung in Berlin zu finden aber ist kaum möglich, und so müssen sie im schlimmsten Fall ihre Stelle wieder aufgeben. Als in Berlin endlich Turnhallen geräumt wurden, worauf viele sehnsüchtig warteten, geschah dies teils von einem Tag auf den anderen, ohne dass die Menschen vorab darüber informiert wurden. Plötzlich fanden sie sich in anderen Stadtvierteln wieder, fernab von Schul- oder Kindergartenplätzen ihrer Kinder, fernab von Praktika, Ausbildungsstellen und in der Nachbarschaft geknüpften sozialen Kontakten. So wird Integration verhindert. Und anstatt unsere Zeit damit zu verbringen, Menschen bei dieser Integration zu unterstützen, sei es, dass wir ihnen beim Deutschlernen helfen, sei es, dass wir ihnen dabei helfen, Teil dieser Gesellschaft zu werden, verbringen wir Zeit auf Ämtern.

Aber so viel Zeit und Nerven die deutsche Bürokratie auch kostet, hier soll es um andere Schwierigkeiten gehen, um Schwierigkeiten in neuen Freundschaften. Es ist vielleicht das schwierigste Thema des ganzen Buchs, ist es doch geprägt von einem grundsätzlichen Optimismus, dass Freundschaften zwischen Fremden funktionieren. Und manchmal klappt das auch sehr gut und ohne größere Probleme. Aber nicht immer. In der Tat teilten nicht alle Menschen, die oft und lange Flüchtlinge unterstützt haben, meinen Optimismus, und es gab und gibt auch für mich Momente des Zweifelns. In den Facebook-Gruppen, auf denen die Unterstützung von Flüchtlingen organisiert wird, liest man eher spärlich von solchen Problemen. Nur selten wird von negativen Erfahrungen berichtet. Die Kommentare aber zeigen dann, dass vermutlich die meisten, die mit Flüchtlingen zu tun hatten, schon solche Erfahrungen gemacht haben. Und wenn man sich privat mit anderen sogenannten Helfern und Helferinnen unterhält, kommen teils große Frustrationen zum Vorschein. Als wir zu einem Treffen einluden, um uns über Schwierigkeiten und Konflikte auszutauschen, die sich aus ‚kulturellen Unterschieden' ergaben, war die Resonanz jedenfalls unerwartet groß.

Wenn es eine allgegenwärtige Klage gibt, dann betrifft sie eine allgemeine Unzuverlässigkeit. Man verabredet sich, um beispielsweise eine Wohnung zu besichtigen, um jemanden zur Ärztin, zum Amt oder sogar zum Friseur zu begleiten, man will gemeinsam ins Kino oder Essen gehen und muss zunächst eine halbe Ewigkeit warten oder wird komplett versetzt. Aber daran gewöhnt man sich, und es sei angemerkt, dass es auch bei jungen Deutschen nicht immer gut um ihre Zuverlässigkeit und Pünktlichkeit bestellt ist, wie eine Freundin betonte. Schmerzhafter ist es, wenn Vertrauen missbraucht wird, wenn man merkt, dass man selbst belogen wurde. Eine Freundin etwa berichtete von einem jungen Syrer, dem sie eine private Unterkunft vermittelt hatte. Der junge Mann klagte ohne Unterlass über angebliche Probleme dort, dass die Gastgeberin ihn tyrannisiere. Auf Nachfrage bei dieser stellte sich heraus, dass sie von ihm erwartete, dass er ein wenig im Haushalt mithelfe und sich nicht mitten in der Nacht mit ihm über Konflikte austauschen wollte. Sie hatte schließlich einen Job und eigene Kinder, die auch schlafen mussten. Da half es auch nicht, dass der junge Mann gerne noch spät nachts mit Freunden und Familie in Syrien telefonierte. Die Freundin jedenfalls fühlte sich angelogen und hintergangen; sie zweifelte, ob sie den Mann weiter unterstützen sollte. In solchen Situationen hilft es emotional auch nicht unbedingt zu wissen, dass es bei der Flucht ums Überleben geht und dass ein gewisses Misstrauen seitens der Flüchtlinge eine Selbstschutzfunktion hat. Angelogen zu werden schmerzt einfach.

Selten begegnet man wirklich großen Lügnern, auch wenn einmal die Geschichte eines mit krimineller Energie vorgehenden Heiratsschwindlers die Runde machte. Aber das sind extreme Ausnahmefälle. Häufiger geht es um kleine Lügen, bei denen wir Menschen, die wir unterstützen, ‚ertappen‘. Dem einen Helfer wird erzählt, der Termin sei abgesagt worden, der andere weiß, dass er einfach verpasst wurde; einer Helferin wird gesagt, die Lehrerin habe dazu aufgefordert, das Praktikum abzubrechen und nur Deutsch zu lernen, einem anderen, man habe das Praktikum abgebrochen, weil es kein Geld gab. Eine Helferin suchte und fand mit viel Mühe einen Sportverein für einen jungen Flüchtling, der allerdings nur kurz dorthin ging, auf seiner Facebookseite aber weiter behauptete, dort zu spielen, und sich als erfolgreicher Sportler ausgab. Mag sein, dass auch deutsche junge Männer so ihr Image aufpolieren wollen, doch für jene, die Flüchtlingen helfen, sind solche Erfahrungen von gebrochenem Vertrauen frustrierend. Wie mit solchen Situationen umgegangen werden soll, wird unter Helferinnen und Helfern mitunter sehr kontrovers diskutiert. Geflüchtete seien keine unmündigen Kinder, die stets zu springen hätten und uns zu Dank verpflichtet wären, heißt es auf der einen Seite. Allerdings ist mangelnde Dankbarkeit auch nicht der wirkliche Grund für Frustrationen, sondern der Eindruck von gebrochenem Vertrauen oder mangelndem Respekt, wenn man selbst etwa zu einem Termin hetzt und versetzt wird, weil es regnet. Solche Erfahrungen werden keiner Freundschaft gut tun.

Immer wieder gibt es auch überzogene Erwartungen, ohne dass ein Bemühen auf Seiten eines Flüchtlings erkennbar wird. Im Herbst 2016 beispielsweise berichteten Helfer schockiert von einem aus Mosul vor dem Islamischen Staat geflohenen Mann, der wieder zurück wollte, weil es in Deutschland nicht voranging. Viele Menschen waren enttäuscht und wütend. Sie machten die deutsche Bürokratie dafür verantwortlich, dass der Mann in einem Lager verharrte, ohne dass sich seine Lage verbesserte – etwas, was durchaus der Lebensrealität vieler Flüchtlinge entspricht. Aber eine Freundin bot eine andere Perspektive auf den Fall. Der Mann war seit zehn Monaten privat untergebracht, lebte in einer Wohnung mit familiärem Anschluss, erhielt immer wieder Angebote, auf Konzerte zu gehen oder an anderen kulturellen Aktivitäten teilzunehmen; er tat doch nichts als zu jammern. Er half nicht im Haushalt der Familie, bei der er zuvor untergebracht war, weigerte sich beharrlich, einen Deutschkurs zu suchen, brach einen angefangenen Kurs wieder ab und sprach stattdessen davon, lieber wieder in den Irak zu gehen, weil sich hier nichts täte. Dass in Mosul Krieg war, dass irakische Regierungstruppen und kurdische Verbände kurz davorstanden, die vom Islamischen Staat besetzte Stadt wieder zu erobern, all das schien ihn nicht zu interessieren. Selbst seine in Bagdad lebenden Eltern waren wütend auf den Sohn, der solche Pläne schmiedete. Anlass der Äußerung war, wie sich herausstellte, dass er während eines Besuchs des Sohnes der Gastfamilie in einem Heim, wo er ein Zwei-Bett-Zimmer hatte, schlafen sollte, was er aber als unzumutbar empfand. Sollte sich nicht bald ein eigenes Zimmer finden, so drohte er wieder, würde er zurück in den Irak gehen. Angesichts mehrerer Tausend Menschen, die immer noch in Turnhallen lebten, löste die Haltung des Irakers verständlicherweise Unmut aus. Allerdings flog er schließlich tatsächlich zurück in den Irak, und den spärlichen Nachrichten zufolge, die es dann aus dem Irak gab, ging es ihm dort tatsächlich besser.

„Wahre Patrioten geben Deutschkurse", heißt es gleichsam als Antwort auf Pegida auf den Jacken des Vereins Be An Angel. Es gibt unter den Helferinnen und Helfern wohl niemanden, der bezweifeln würde, wie wichtig das Erlernen der deutschen Sprache ist. Viele Menschen sind in Sprachcafés aktiv, in denen informell Deutsch geübt wird. Nur mit der deutschen Sprache haben die Menschen eine Chance auf einen Job, nur so können sie auch ohne Hilfe mit der Bürokratie kommunizieren. Gerade für jene Menschen, deren Asylantrag abgelehnt wurde, ist der Spracherwerb entscheidend, da sie nur so die Chance auf eine Ausbildung haben, die ihnen auch im Falle einer Ablehnung des Asylantrags eine Bleibeperspektive in Form einer Ausbildungsduldung eröffnet. Natürlich ist es schwierig, in Turnhallen oder im ehemaligen Flugzeughangar auf dem Tempelhofer Feld konzentriert zu lernen. Umso frustrierender ist es, wenn die zahlreichen Angebote an kostenlosen Deutschkursen nicht konsequent angenommen werden. Einem jungen Afghanen, der so gut Englisch konnte, dass er in Berlin problemlos zurechtkam, suchten wir mehrere Deutschkurse. Aber immer wieder klagte er, sie seien zu weit entfernt – er wäre vielleicht eine halbe Stunde mit öffentlichen Verkehrsmitteln unterwegs gewesen –, eine Begründung, die wir immer wieder als Erklärung für abgebrochene Deutschkurse hörten. Als sein Asylantrag abgelehnt wurde und er sich daher auf die Suche nach einem Ausbildungsplatz machte, wurde es daher, trotz eigentlich exzellenter IT-Kenntnisse, schwierig. Um nicht missverstanden zu werden: Viele Menschen, gerade aus Afghanistan, lernen überaus fleißig Deutsch, so dass mit vielen die Kommunikation mittlerweile relativ problemlos klappt. Aber nicht alle realisieren, wie wichtig das ist, und bei nicht allen hat man den Eindruck, dass sie sich für ihre Situation verantwortlich fühlen und die Initiative ergreifen wollen. Das zu ignorieren wäre fatal.

Dies sind sozusagen die Alltagsprobleme beim Helfen. Manchmal, gerade im Umgang mit jungen alleinstehenden Männern, fühlt man sich als Lehrer oder Erzieher, der seinen ‚Schützlingen‘, ein oft gebrauchter, aber unglücklicher Begriff, mit einer gewissen Strenge und Disziplin begegnen muss, dass man ihnen die bekannten deutschen Arbeitstugenden wie Pünktlichkeit und Zuverlässigkeit vermitteln muss. Das entspricht sicherlich nicht dem Ideal eines Umgangs auf Augenhöhe in Freundschaften. Aber zu verleugnen, dass es solche Momente gibt, hieße, die Augen vor der Realität zu verschließen. Wie mit solchen Konflikten, etwa wegen mangelnder Zuverlässigkeit, umgegangen werden soll, wird durchaus kontrovers diskutiert. Je größer Frustrationen werden, desto geringer ist die Chance, dass allzu große Unzuverlässigkeit verziehen wird. Sicherlich, man kann sich vergegenwärtigen, wie schwierig die Situation von Flüchtlingen ist, wie nervenaufreibend das ewige Warten, vor allem auf eine Entscheidung über den Asylantrag, ist, wie schwierig es ist, in Notunterkünften zur Ruhe kommen. Gleichwohl begegnet man diesen Problemen auch beim Umgang mit Flüchtlingen, denen es vergleichsweise gut geht, die privat untergebracht sind und in vielen Angelegenheiten Unterstützung erhalten.

Aber das sind nicht die einzigen Schwierigkeiten, mit denen man umgehen muss. Und es sind nicht die Schwierigkeiten, die es in Freundschaften zwischen Fremden geben kann; es sind Probleme, wie sie sich im letztlich hierarchischen Verhältnis von Helfenden und Hilfe Empfangenden ergeben. Die Probleme und Konflikte, um die es mir hier geht, sind anderer Art. Es sind Konflikte, die sich aus der Konfrontation unterschiedlicher Kulturen, unterschiedlicher Verhältnisse zu Religion, zu Geschlechterfragen, zu Beziehungen, zu Körper und Sexualität, aber auch aus unterschiedlichen politischen Grundhaltungen ergeben. Solche Konflikte werden in den halb-öffentlichen Facebookgruppen noch seltener diskutiert, tauchen dafür umso öfter in privaten Gesprächen auf.

Ein medial viel diskutiertes Thema sind verweigerte Handschläge zwischen Männern und Frauen. Dabei geht es meist um deutsche, nicht-muslimische Frauen, denen muslimische Männer, ob Flüchtlinge oder nicht, den Handschlag verweigern, was als Zeichen mangelnden Respekts gedeutet wird. Von muslimischen Frauen, die Männern den Handschlag verweigern, ist hingegen weitaus seltener die Rede. Auch Mariam würde mir niemals die Hand reichen, was sie selbst mit ihrer Religion begründet. Dass diese religiöse Regel so eindeutig nicht ist, verdeutlichen ihre Tante und Cousine, die zwar nicht mir (ich probiere es gar nicht), aber einem Lehrer der Kinder ohne zu zögern die Hand reichten. Nur Mariam lächelte und legte stattdessen die Hand aufs Herz. Ich selbst empfinde den verweigerten Handschlag als unproblematisch. Es gibt genügend andere Möglichkeiten, Respekt zu bezeugen, und letztlich ist mir der im alltäglichen Umgang gezeigte Respekt wichtiger als der symbolische in Form eines Handschlags.

Aber vielleicht lässt sich das als Mann auch leicht sagen. Eine andere, sehr engagierte Helferin, die sich auch als solche begriff, sah dies jedenfalls anders. Sie hatte Kontakt mit einigen sehr gebildeten, aber auch sehr konservativen syrischen Männern, die vorher in Saudi Arabien gearbeitet hatten und die ihr zwar höflich begegneten, aber auch den Handschlag verweigerten. Mehrfach hatte sie die Männer zu sich nach Hause eingeladen. Die Männer waren zuverlässig, was sie durchaus schätzte. Sie konnte mit ihnen offen diskutieren, die Männer versuchten ihr auch, durchaus mit kritischer Perspektive, zu erklären, wie die Unzuverlässigkeit gerade jüngerer syrischer Flüchtlinge zu deuten sei und wie man mit ihr umgehen könne. Den kulturellen Differenzen zum Trotz schien eine Kommunikation möglich zu sein. Doch letztlich standen die konservativen Ansichten, die etwa die Rolle der Frau oder den Umgang mit Sexualität anbelangten, einer Freundschaft im Wege. Der verweigerte Handschlag war sicherlich nicht der entscheidende Faktor, aber er steht doch sinnbildlich für eine Differenz, die auf Dauer nicht überbrückt werden konnte. Für die überaus liberale Frau gab es keine gemeinsame Basis, auf der eine Freundschaft aufbauen konnte, und so fand die Beziehung zu den Männern ein schnelles Ende. Aber sie kannte auch einen anderen, etwa 20-jährigen Syrer. Zwar waren seine Unzuverlässigkeit und auch sein zumindest teilweise vorhandenes Anspruchsdenken nicht nur frustrierend, sondern auch verletzend gewesen. Aber er hatte eine liberale Haltung, die derjenigen seiner deutlich älteren deutschen Freundin ähnelte. Er trank Alkohol und genoss das Berliner Nachtleben, dann auch bald mit gleichaltrigen deutschen Freundinnen und Freunden. Mit ihm hielt die Freundschaft, allen zwischenzeitlichen Enttäuschungen zum Trotz.

Konflikte und Differenzen auszuhalten kann schwierig sein. Von allen Freundschaften und Beziehungen zwischen Geflüchteten und Deutschen, die ich kennengelernt hatte, verdeutlicht dies keine so sehr wie die Beziehung zwischen Jana und Omar. Janas Familie kommt aus Ostdeutschland. Von klein auf wurde sie atheistisch erzogen, mit Religion hatte sie nie etwas am Hut. Omar kommt aus dem Irak. Früher war er kaum religiös gewesen, aber einschneidende Erlebnisse im Irak, auf die später zurückzukommen sein wird, hatten ihn tief gläubig werden lassen. Als er in Deutschland ankam, war er ein konservativer Muslim. Jana und Omar lernten sich über Facebook kennen, als Omar noch in der Türkei war. Gemeinsam mit einigen anderen Freundinnen unterstützte Jana Omar und eine Gruppe von Freunden so gut es ging bei ihrer Flucht, etwa indem sie halfen, Informationen über den Weg nach Deutschland zu verbreiten, wovon auch andere Flüchtende profitierten.

Omar berichtete mir, er und seine Freunde hätten sich vor der ersten Begegnung mit den deutschen Frauen durchaus

Gedanken gemacht, wie sie mit diesen umgehen sollten, beispielsweise ob sie ihnen zur Begrüßung die Hand geben könnten. Sie entschieden sich einfach abzuwarten, was die Frauen
machen würden. Sollten sie ihnen die Hand reichen, so würden
sie den Handschlag erwidern, aber wenn nichts von ihnen aus-
ging, dann würden sie selbst auch nicht aktiv die Hand reichen.
Die deutschen Frauen reichten die Hand, und es war dann wohl
auch kein Problem, die Grußgeste zu erwidern. Während die
anderen aus den beiden Gruppen sich anfreundeten, verliebten
sich Jana und Omar und wurden tatsächlich ein Paar. Allerdings war und bleibt es – zumindest in der Zeit, in der ich diese
Zeilen schreibe – eine Beziehung voller Probleme, über die ich
mit Jana oft und ausführlich sprach. Die Beziehung selbst war
für den gläubigen Muslim eine Herausforderung. Als Muslim
könne er eigentlich nur mit einer muslimischen Frau zusammen sein. Seiner Familie gegenüber, die sich noch im Irak befindet, meinte er zunächst, Jana sei auch Muslima; erst nach einer
gewissen Weile eröffnete er ihnen, Jana sei nicht muslimisch.
Allerdings denkt die Familie wohl noch, Jana würde zum Islam
konvertieren, was für sie nicht in Frage kommt.
Auch in praktischer Hinsicht war es nicht leicht. Kurze Hosen
lehnte Omar, auch bei Männern, aus religiösen Gründen ab, bis
dann der Berliner Sommer kam und er selbst in einer kurzen
Hose herumlief. Sich in der Öffentlichkeit umarmen oder
Hand in Hand durch die Stadt spazieren, was für Jana eine
Selbstverständlichkeit war, wollte Omar anfangs nicht, was
zu heftigen Diskussionen zwischen beiden führte, bis Omar
merkte, dass solche körperlichen Kontakte doch ganz schön
waren und er es einfach machte. Jana stellte Omar auch ihrer
Familie vor, die den jungen Mann schnell ins Herz schloss. Im
Sommer gingen sie gemeinsam an einen Badesee. Während sich
die Erwachsenen in Badehose und Bikini sonnten, sprangen
die kleinen Kinder nackt umher. Als Jana mir von dem Schock,
den dieser Anblick bei Omar auslöste, erzählte, lachte sie und
auch Omar musste schmunzeln. Aber dass beide die Situation nachträglich mit Humor sahen, bedeutet nicht, dass es im

Moment der Begegnung nicht eine echte Herausforderung für ihn war.

Religion ist in der Beziehung ein konstantes Thema und immer wieder ein Grund für Konflikte, vor allem zu Zeiten des Ramadan. Omar vertritt Haltungen, mit denen er bei Jana, kaum verwunderlich, auf scharfe Ablehnung stößt: Ja, die Frau sei dem Mann untergeordnet, ja, der Mann dürfe die Frau schlagen, wenn auch nicht ins Gesicht, denn so stehe es im Koran. Um kein Missverständnis aufkommen zu lassen: Er sagt diese Sachen, ist im Alltag aber alles andere als ein Macho, schlägt seine Freundin (natürlich!) auch nicht, meint höchstens hin und wieder, dass Jana (die vielleicht mal ein oder zwei Gläser Wein trinkt) weniger Alkohol trinken soll. Man kann mit ihm lachen und feiern, er unterstützt andere Flüchtlinge, lernt Deutsch und hatte nun auch keine Probleme damit, Jana auf einer Party in die Arme zu nehmen. Aber er sagt auch, dass Ungläubige – damit sind Polytheisten oder gar Atheisten gemeint; Christen sieht er als gleichwertig an – weniger wert sind und keine Moral haben. Aber trotzdem ist er ihnen gegenüber stets höflich und freundlich. Immer wieder hält er Jana vor, wie schlecht es um die ‚deutsche Moral‘ bestellt sei. Alle deutschen Männer, die er kennen lernte, trinken Alkohol. In einem Kurs über deutsche Politik und Gesellschaft schnappte er, wohl durch einen Übersetzungsfehler, auf, mehr als drei Viertel aller deutschen Ehen würden geschieden. Daraufhin kam er zu dem Schluss, alle Deutschen würden sexuell vollkommen promiskuitiv leben. Diesem so augenscheinlich durch und durch negativen Bild von Deutschen steht allerdings seine persönliche Erfahrung entgegen. Immerhin halfen ihm viele Deutsche, und er verliebte sich gar in eine von ihnen. Ja, Deutsche, oder zumindest diejenigen, die ihm und anderen Flüchtlingen halfen, sind toll, meinte er, aber das ändert nichts daran, was im Koran steht.

Jana gab sich auch durchaus Mühe, sich zugleich mit der Religion Omars zu befassen und ihm ‚deutsche Kultur‘ näherzubringen. Sie hatte den Koran sogar schon gelesen, bevor sie Omar kennenlernte. Nun schlug sie ihm vor, sich intensiver mit der Kultur des anderen auseinanderzusetzen. Daraufhin gab Omar ihr islamische Literatur zu lesen. Er versuchte, wie Jana frustriert bemerkte, sie von den Vorteilen des Islams zu überzeugen, wohl in der Hoffnung, sie würde dadurch konvertieren, was für Jana nicht infrage kam. Als Jana jedoch auch wollte, dass er ein ihr wichtiges Buch über westliche Werte – sie hatte ihm ein Buch über Richard Dawkins gegeben – zur Kenntnis nahm, las er es (natürlich, in ihrer Wahrnehmung) nicht. So brach Jana den Versuch der kulturellen Annährung schnell wieder ab. Es war ihr schließlich um ein gegenseitiges Kennenlernen gegangen und nicht darum, den anderen von den jeweiligen Vorteilen der eigenen Haltung zu überzeugen. Omar besuchte ja sogar einen Kurs über das deutsche politische System, psychologische Beratungen und kulturelle Differenzen, was zumindest zeitweise dazu führte, dass Omar nachdenklicher nach Hause kam.

Jana und ich unterhielten uns ausführlich über diese Konflikte. In welche Richtung sich unsere Gespräche bewegten, ob wir eher unüberwindbare Unterschiede betonten oder Möglichkeiten zur Verständigung sahen, hing von der jeweiligen Situation und Stimmung ab. Es gab Höhen und Tiefen. An einem Samstag im November 2016 jedenfalls war Jana sehr frustriert. Sie hatten sich die letzten Tage nur gestritten, weil Omar sie mit religiösen Themen und letztlich dem Wunsch nach Konversion bestürmte, schließlich überhaupt nicht mehr reagierte. Jana machte sich jedenfalls große Sorgen, es sei etwas Schlimmes vorgefallen, und wollte daher gemeinsam mit einem anderen irakischen Freund zu Omar fahren, um nachzusehen. Emotional war sie auch schon auf Distanz gegangen. Ihr Atheismus und Omars muslimischer Glaube schienen unvereinbar zu sein. Bei der Ankunft wartete Omar dann mit einer vorgezogenen Überraschungsfeier zum Geburtstag auf sie (auf der es zwar keine alkoholischen Getränke gab, aber das war schon ok).

Die Beziehung von Jana und Omar fasziniert mich immer wieder. Die Unterschiede und Konflikte scheinen manchmal unüberwindbar groß zu sein – und doch hält die Beziehung.

Sie verdeutlicht, wie sehr sich Einstellungen wandeln können, wie sehr es um Prozesse geht, die nicht geradlinig verlaufen. In einem Moment der Frustration meinte Jana, es gehe einen Schritt vor und zwei zurück. Ein paar Wochen später meinte sie, nun gehe es voran, und auch bei einem anderen Freund sei der Stillstand überwunden. Omar wohnt bei einer deutschen Familie mit kiffenden Söhnen und Eltern, die sich scheiden lassen; trotzdem mag er die Familie. Religion verlor an Bedeutung, stattdessen fanden sich auf Facebook ständig verliebt-neckende Posts von Omar. Er hatte sich, so sagte Omar zu Jana, entschieden, seinem Herzen zu folgen. In optimistischen Momenten wirkt die Beziehung wie ein Beispiel, dass Freundschaften, in diesem Fall sogar eine Liebesbeziehung, trotz aller Schwierigkeiten funktionieren können; in pessimistischen Momenten lässt sie mich genau daran zweifeln. Die Zukunft wird zeigen, wie es ausgeht, wie weit beide ihren Herzen folgen, genauso wie sich zeigen wird, was aus der Freundschaft zwischen Mariam und mir werden wird. Einfach ist auch sie nicht immer.

Lassen sich aus diesen Beispielen Ratschläge ableiten, wie mit Differenzen und Konflikten umgegangen werden kann? Öffentlich wird der ‚Dialog‘ immer wieder als eine Art Zauberformel gepriesen: Man müsse im Gespräch bleiben, respektvoll und höflich. Wenn ich mit Mariam diskutierte, ging es mir auch oft darum. Selbst wenn wir unterschiedlicher Ansicht waren, so war es wichtig, dass wir weiter miteinander sprachen. Aber Jana war skeptisch, ob reden wirklich hilft. Wann immer sie mit Omar diskutierte, versteifte dieser sich in seinen Positionen, und auch Jana war wenig kompromissbereit. Es trug eher zur Eskalation von Konflikten bei als zu deren Lösung. Da half es manchmal mehr, einfach den Alltag gemeinsam zu verbringen, ohne Differenzen allzu sehr zu thematisieren. So konnte man ungestört lachen und die Zeit genießen. Vielleicht braucht es das manchmal: potentielle Konflikte einfach ausblenden und zusammen lachen.

VIII. Veränderungen und Erschütterungen

Immer wieder berichten engagierte Menschen, die Erfahrungen tagsüber und nachts vor dem LAGeSo hätten sie verändert. Es sind verstörende, intensive Erfahrungen, weil sie gewohntes Denken und Erwartungen durchbrechen. Im Spätsommer 2015, als die Situation auf dem LAGeSo noch besonders chaotisch war, wurde eine hierfür bezeichnende Geschichte erzählt. Eine Frau hatte in einem Supermarkt Hilfsgüter, Essen und Trinken vor allem, gekauft, die sie nun zum LAGeSo bringen wollte. Angesichts der schweren Taschen bot ein junger Mann der Frau Hilfe beim Tragen an, fuhr sogar mit, ohne dass er wusste, wohin es ging. Der Mann gehörte, das legte sein Äußeres nahe, der rechtsextremen Szene an. Der Anblick des Chaos am LAGeSo war ein Schockerlebnis. Es brauchte keine fünf Minuten, so wurde die Geschichte kolportiert, bis er angesichts der Situation in Tränen ausbrach. Ich weiß nicht, ob die Geschichte wahr ist und ich kann auch nicht mehr rekonstruieren, wer die Geschichte erzählt hat. Aber sie ist bezeichnend für den Eindruck, für die Erschütterung, die das LAGeSo auslöste. Man konnte diese Erschütterung auch Norbert Blüm anmerken, der für einige Tage medienwirksam das wilde Camp im griechischen Idomeni an der Grenze zu Mazedonien besucht hatte, wo Tausende Flüchtlinge in elenden Bedingungen ausharrten und auf eine Grenzöffnung hofften. Blüm hatte gemeinsam mit Flüchtlingen in einem Zelt übernachtet und lernte eine afghanische Familie kennen, deren Kind in Idomeni geboren wurde. Nicht nur das Leid der Menschen, sondern auch die Freundlichkeit, mit der sie ihm inmitten all dieses Leids begegneten, erschütterte.

Es wäre ein Leichtes, diese emotionalen Erlebnisse als Gefühlsduselei abzutun und nach ‚kalten‘ Analysen zu rufen. Aber diese Erschütterungen können Menschen verändern. Diese Veränderungen bedürfen der Reflektion. Dabei kommt es nicht nur zu emotionalen Erschütterungen. Sich mit Fremden anzufreunden bedeutet auch, sich andere Sichtweisen anzuhören, sie zu verstehen, auch wenn man diese nie teilen oder akzeptieren würde. Nicht zuletzt macht dies Freundschaften zwischen Fremden zu etwas Politischem. In einer Freundschaft mit einer Fremden nimmt man gleichsam für einen Moment die Welt aus einer anderen Perspektive wahr und sieht sie durch die Augen einer Fremden, ohne dabei deren Perspektive zu übernehmen.

Janas Umgang mit Omars Religiosität ist ein Beispiel hierfür. Jana ist Omars intensiver Glauben, die Haltung, dass alles, was im Koran steht, allein dadurch Autorität hat, nicht nur fremd, sie lehnt sie rundheraus ab. Sie möchte feste Glaubensgrundsätze hinterfragen, und diese grundsätzliche Haltung gibt sie sicherlich nicht auf. Aber in den Auseinandersetzungen mit Omar sieht sie die Welt *nolens volens* durch seine Augen; oder, um es genauer auszudrücken, sie sieht, welche Rolle Religion im Leben spielen kann. Omar war nicht immer religiös. Erst in einem irakischen Gefängnis, in dem er gemeinsam mit streng gläubigen Muslimen saß, wandte er sich dem Glauben zu und begann täglich zu beten. Ohne seinen Glauben, so meinte er, hätte er das Gefängnis nicht überlebt. Auch jetzt noch bietet der Glaube Halt. Wenn ihn nachts Albträume wecken, geht er beten, was ihn wieder beruhigt. Bei aller Kritik, die Jana an den religiösen Glaubensgrundsätzen von Omar und den damit einhergehenden Werturteilen, etwa gegenüber in seinen Augen „Ungläubigen“, vorbrachte, verstand sie dennoch, was ihrem Freund der Glaube bedeutete.

Dieses Verständnis bedeutet allerdings nicht, dass Jana ihre Kritik am Islam einschränken würde. Im Gegenteil, das, was sie von Omar über seine Religion lernte, lies eine anfängliche Haltung, die Positives im Islam beziehungsweise in der arabischen Kultur sah, in eine eher ablehnende Haltung umschlagen. Sie hatte eine Zeit lang als Reisebegleiterin in Tunesien gearbeitet und war von manchem, was sie dort gesehen hatte, durchaus angetan: dem Teilen beim Fastenbrechen, dem Familienzusammenhalt, der Willensstärke. Nun sah sie den Druck, den ein Familienzusammenhalt auslösen konnte, dass sich selbst entfernte Verwandte in persönliche Angelegenheiten einmischen konnten, dass Familienzusammenhalt auch bedeuten kann, dass man sich für Verwandte, die sich selbst in Schwierigkeiten bringen, in den finanziellen Ruin treibt. Und was ihr vorher als Willensstärke erschien, betrachtete sie nun als Intoleranz. Nun sah sie vor allem jene Stellen im Koran, den sie im Übrigen ausführlich zitieren kann, in denen auf Ungläubige hinabgeblickt wird und laut derer sich die Frau dem Mann unterzuordnen habe.

Wer nun einwenden würde, diese Probleme hätten ja eigentlich nichts mit „dem Islam" zu tun, dass entsprechende Stellen im Koran anders zu interpretieren wären, der hätte vielleicht Recht. Aber das ist nicht der entscheidende Punkt. Ebenso wäre es aber verfehlt, sich nun in Vorurteilen gegenüber Muslimen bestätigt zu sehen und zu meinen, deren Wertvorstellungen seien mit den unseren nicht vereinbar, weshalb ein friedliches Zusammenleben mit Muslimen in Deutschland nicht möglich sei. Denn erstens zitiert ihr Freund selbst diese Stellen im Koran, um seine Haltung zu begründen: Weil es im Koran steht, muss es so stimmen. Zweitens aber ist die Beziehung zwischen den beiden der in der Praxis gelebte Beweis, dass es durchaus möglich ist, trotz dieser Unterschiede eine sogar intime Liebesbeziehung zu führen – und dies, ohne sich dabei aufzugeben. Die Beziehung hält, zumindest in dem Moment, in dem ich diese Zeilen schreibe, diese Widersprüche aus, auch wenn es nicht einfach ist. Letztlich kommt es genau hierauf an: Widersprüche anzuerkennen, sie zu verstehen und auszuhalten.

Ich machte ähnliche Erfahrungen in der Freundschaft mit Mariam. Immer wieder wurde ich mit Haltungen und Verboten konfrontiert, die ich für inakzeptable hielt und halte, die ich aber dennoch verstehen lernte. Gerne würde Mariam öfter etwas unternehmen. Mal erwähnte sie, dass sie gerne Basketball spielen würde, mal träumte sie davon, ins Kino zu gehen, und schon früh bat sie mich, ihr bei der Suche nach einem Deutschkurs zu helfen. Doch immer wieder hieß es dann: „Mom does not allow", wobei sie sich allerdings mit ihrem Wunsch nach einem Deutschkurs durchsetzen konnte. Ein ums andere Mal versuchte ich ihr zu erklären, dass sie das selbst entscheiden könne, dass ihre Mutter ihr keine Vorschriften machen könne, aber etwas gegen den Willen der Mutter zu machen, fällt ihr nicht leicht. Sie als Frau, so klagte sie mehr als einmal, habe keine Rechte. „I hate myself for being a girl." Natürlich habe sie hier in Deutschland Rechte, hielt ich dagegen. Niemand könne ihr vorschreiben, mit wem sie befreundet sein solle, niemand könne ihr verbieten, ins Kino zu gehen. Aber Mariam befürchtete, andere Afghanen würden schlecht über sie reden, könnten sie sogar bedrohen. Sie hatte Angst. Um keine Missverständnisse aufkommen zu lassen: Es ist inakzeptabel, dass eine junge Frau, egal woher sie kommt, in Deutschland ebenso wie an anderen Orten auf der Welt, auf solche Weise eingeschüchtert wird, eine Haltung, die übrigens auch Mariam teilte. Aber sie war diesem Druck ausgesetzt, und nicht ich.

So lernte ich Mariams Haltung nachzuvollziehen. Ihre Mutter war krank, litt an beginnender Demenz und Mariam wollte ihr keine weiteren Sorgen bereiten. Vor allem aber lernte ich, als ich von den Fluchtgründen der Familie erfuhr, auch die Sorgen der Mutter nachzuvollziehen. Nachdem ihr Mann, ein Militärkommandant, vermutlich von Taliban ermordet worden war – Mariam war damals etwa 15 Jahre alt –, hatte sie sich weiterhin für die Bildung ihrer Töchter eingesetzt. Insbesondere Mariam konnte zur Universität gehen und dort Jura studieren. Die Mutter erhielt deswegen Drohanrufe, womöglich gar von Mitgliedern der Familie, ebenso wie Mariam selbst, was sie ihrer Mutter aber verschwieg. Angesichts dieser Erfahrungen hatte die Mutter ein tiefes Misstrauen gegenüber Männern entwickelt, mit denen Mariam zu tun hatte, auch mir gegenüber. Oftmals frustrierte mich die Haltung der Mutter, sowohl Mariam als auch mir selbst gegenüber. Aber die Vehemenz, mit der sich die Mutter für ihre Töchter einsetzte, beeindruckte mich auch. Sie nötigte mir Respekt ab, auch wenn ich mir nach wie vor mehr Freiheit für Mariam wünschte. Natürlich heiße ich die zahlreichen Verbote und Restriktionen, die für Mariam gelten, nicht gut und natürlich akzeptiere ich diese nicht unwidersprochen. Aber ich kann die Haltung der Mutter und ihr Misstrauen gegenüber Männern verstehen.

So können Begegnungen mit Flüchtlingen dazu führen, Probleme mit anderen Augen zu sehen und in diesem Sinne vertraute Sichtweisen erschüttern. Aber auch emotional sind solche Begegnungen erschütternd. Es wird viel über einen gerade in sozialen Netzwerken um sich greifenden Hass geschrieben, der mittlerweile längst die Onlinewelt verlassen hat, wie zahlreiche Angriffe auf Flüchtlingsunterkünfte ebenso zeigen wie lautstarke Beschimpfungen und Bedrohungen von Politikerinnen und Politikern im Wahlkampf. Der Blick in die Nachrichten war in den letzten beiden Jahren oft deprimierend, vom britischen Votum die EU zu verlassen, in dessen Folge rassistische Übergriffe in Großbritannien dramatisch zunahmen, zur überraschenden Wahl von Donald Trump zum Präsidenten der Vereinigten Staaten von Amerika, zu drakonischen Urteilen gegen Flüchtlinge in Ungarn, wo allein der illegale Grenzübertritt mit zehn Jahren Haft bestraft wird. Zwar ging die CDU unter Angela Merkel erneut als stärkste Partei aus der Bundestagswahl 2017 hervor, aber sie verlor drastisch an Stimmen, nicht zuletzt an die Alternative für Deutschland, die im Osten Deutschlands zur zweitstärksten politischen Kraft wurde, in Sachsen sogar zur stärksten. Jene, die Hass und Misstrauen säen, haben Erfolg. Die Freundschaften mit Fremden boten gleichsam auf persönlicher, auf emotionaler Ebene wie auch auf politischer Ebene einen Kontrast hierzu. Sie zeigten, dass ein Zusammenleben über alle Differenzen hinweg ohne Hass möglich ist. Dass es möglich war, mit Mariam eine Freundschaft einzugehen, auch wenn wir uns immer wieder über Themen wie Religion oder Sexualität stritten, motivierte und inspirierte.

Die Freundschaft über alle Differenzen hinweg schafft Vertrauen gerade dort, wo vorher Misstrauen herrschte. Bei allem Misstrauen gegenüber Männern lernte Mariam, mir zu vertrauen, und manchmal tat dies sogar ihre Mutter. Ein homosexueller „Flüchtlingshelfer", so seine Selbstbezeichnung, meinte, er hätte Muslimen früher misstraut und sich auch vor ihnen gefürchtet. Begegnungen mit Muslimen in einem Flüchtlingsheim aber nahmen ihm diese Furcht, auch wenn das Vertrauen noch nicht so weit geht, dass er sich ihnen gegenüber zu seiner Homosexualität bekennt. Umgekehrt beeindruckt die Offenheit und Hilfsbereitschaft zumindest manche der Menschen aus Syrien, dem Irak und Afghanistan. Als ich Omar danach fragte, wie er auf die Hilfsbereitschaft, die er in Deutschland erfahren hatte, reagierte, erklärte er mir, sichtlich beeindruckt: Die Deutschen blicken in die Seele der Menschen. Das Vertrauen, das ihm Deutsche entgegenbrachten, hatte ihn dazu bewogen, selbst leichter anderen Menschen zu vertrauen.

Manche Helferinnen und Helfer erhoffen sich einen ähnlichen Effekt, was Hilfsbereitschaft und Solidarität anbelangt. Wem geholfen wird und wer andere beim Helfen sieht, der wird, so die Hoffnung, selbst solidarischer sein. In der Tat war die Hilfsbereitschaft, die wir Nacht für Nacht vor dem LAGeSo erlebten, oft beeindruckend. Dies gilt nicht nur und nicht so sehr für die Spendenwilligkeit der Einheimischen, sondern noch mehr für die kleinen oder großen Gesten der Solidarität zwischen Geflüchteten. Sie ließen, zumindest bei mir, ein Gefühl der Demut aufkommen. Ich erinnere mich gut an die erste Situation auf dem LAGeSo, die mir die Tränen in die Augen trieb. Es war im Spätsommer 2015, als ich dort noch tagsüber half; später war ich nur noch abends und nachts vor Ort. In einem der Gebäude verteilten wir Babynahrung an Wartende mit Kleinkindern. Eine Frau fragte uns nach Wasser, aber wir hatten in dem Moment keines dabei. Ein Mann, der in einer anderen Schlange stand und augenscheinlich auch aus einem anderen Land kam, beobachtete die Situation. Er winkte mich heran, drückte mir seine Wasserflasche in die Hand und deutete auf die Frau, die mich nach Wasser gefragt hatte. Er hätte das alles genauso gut ignorieren können, aber er tat es nicht. Immer wieder gab es diese kleinen Gesten der Hilfsbereitschaft. Diese prägten die Stimmung mehr als die Konflikte und Streitigkeiten, die es natürlich auch gab. Wenn ich Hilfe beim Übersetzen brauchte, rief ich oft einfach in die Menge: „Does anyone speak English and Arabic", und meist fand sich jemand; wenn es darum ging, Müll wegzuräumen oder Sachen zu verteilen, wurden wir oft tatkräftig unterstützt.

Auch auf Mariam sprang dieser Funke der Hilfsbereitschaft über. Sie war überrascht, dass andere, dass Fremde ihr und ihrer Familie halfen, dass sie sich für ihre Probleme interessierten, dass sie mit ihnen über alles reden konnte. Sie fühlte sich dadurch in ihrer eigenen Hilfsbereitschaft bestärkt. Nicht nur stellte sie sich immer wieder als Übersetzerin zur Verfügung, etwa bei Notarzt- oder Polizeieinsätzen in der Unterkunft; sie schlug auch vor, eine Facebookgruppe speziell für farsisprachige Menschen einzurichten, in der Hoffnung, dass diese Informationen auf Farsi leichter vertrauen würden.

Sicherlich wäre es schlichtweg ebenso arrogant wie absurd zu meinen, es bedürfe ‚deutscher Vorbilder', um Flüchtlinge zur Hilfsbereitschaft zu motivieren, und sicherlich wäre es auch naiv zu meinen, dass das eigene Handeln immer als Vorbild ausstrahlt. Manche Helferinnen und Helfer waren in der Tat enttäuscht, weil ihre Hilfsbereitschaft die von ihnen unterstützten Flüchtlinge nicht dazu motivierte, selbst etwas zu tun. Die (deutsche) Kultur des ‚Helfens' blind zu idealisieren ginge daher fehl. Zu oft kommt es auch unter deutschen Helferinnen und Helfern zu teils bösen Streits, zu oft scheinen Gruppenrivalitäten und Eitelkeiten eine Rolle zu spielen und zu oft gibt es auch frustrierende Erfahrungen. Ebenso wenig lassen sich teils auch gewalttätige Konflikte zwischen Angehörigen verschiedener Nationalitäten in Notunterkünften leugnen. Und dennoch: Die Hilfsbereitschaft und Solidarität inspirierte. Sie zeigt, wie Grenzen überwunden werden können. Auf einer Party bei mir, zu der ich neben deutschen Freundinnen und Freunden auch solche aus Syrien, dem Irak, Pakistan und Afghanistan eingeladen hatte, meinte ein junger Syrer zu mir, es sei schön, dass er sich nun, auf Deutsch, mit Menschen aus all diesen Ländern verständigen konnte. Sich über Gefühlsduselei zu mokieren und nach harten Fakten und kalten Analysen zu rufen, würde übersehen, was jene auch emotionalen Erschütterungen bewirken können, dass sie nämlich zu einer Überwindung von Angst und Misstrauen beitragen können, bei Geflüchteten wie auch bei Deutschen. Man muss nur in der Lage sein, sich auf sie einzulassen.

IX. Ängste überwinden, Ängste schüren

Dezember 2016, die Vorbereitungen auf den Wahlkampf zur Bundestagswahl 2017 haben begonnen. Die CDU veranstaltet Regionalkonferenzen, auf denen sich die Kanzlerin und erneute Kandidatin, Angela Merkel, der Parteibasis stellt. Sie wird mit einer scharfen Kritik an ihrer Flüchtlingspolitik ebenso konfrontiert wie mit einem achtjährigen afghanischen Jungen, der ihr unter Tränen die Hand reicht. Die Partei veranstaltet auch Videokonferenzen. Per Videochat dürfen Parteimitglieder das Wort direkt an die Kanzlerin richten. Eine Gruppe von Parteimitgliedern aus Reutlingen fragt danach, wie man denn mit den Ängsten und Sorgen der Menschen vor Flüchtlingen umgehen soll und wie man gegen diese ankämpfen könne. Angela Merkel gibt den Rat, so berichten es die Medien: „Einfach auch mal auf Flüchtlinge zugehen, dann verliert man gewisse Ängste." Sie pausiert, und fügt hinzu: „Das kann auch den eigenen Horizont erweitern."[14] Eine Helferin teilte den Beitrag auch auf Facebook. „Wo sie Recht hat, hat sie Recht", kommentierte ein anderer Helfer.

Viele Menschen haben diesen Schritt gemacht, und ja, es hat den Horizont erweitert – in vielerlei Hinsicht. Man teilt Sorgen und Ängste über den brutalen Krieg in Syrien, über die Misshandlung von Frauen in Afghanistan, über das Asylverfahren in Deutschland und über den Druck, dem sich Flüchtlinge auch noch in Deutschland ausgesetzt sehen. Die Konflikte und Schwierigkeiten, die sich ergaben, haben vielleicht auch manch

14 Timo Steppart: Merkels Internet-Sprechstunde. „Hallo, hören Sie mich?" In: *FAZ*, 01.12.2016. http://www.faz.net/aktuell/politik/inland/angela-merkel-beantwortet-fragen-der-buerger-via-videostream-14554618.html (Zugriff am 28.09.2017).

allzu idealistisches Bild ins Wanken gebracht. Man wird sich der Privilegien bewusst, die ein deutscher Pass mit sich bringt. Mir wurde dies schlagartig klar, als Mariam mich fragte, ob ich denn auch dann wollen würde, dass sie in Deutschland bleiben kann, wenn in Afghanistan kein Krieg wäre. Als Akademiker mit einem deutschen Pass kann ich relativ problemlos in der Welt reisen, und wenn ich einen Job in einem anderen Land finde, ist es auch kein Problem, ein Arbeitsvisum zu erhalten. Mariam hat diese Freiheit nicht. Und nicht zuletzt eröffnen die Bekanntschaften mit Flüchtlingen auch ganz neue Sichtweisen auf die deutsche Bürokratie und ihren Umgang mit Menschen ohne Privilegien, wobei, das sei hinzugefügt, ich auch oft auf überaus freundliche und hilfsbereite Mitarbeiterinnen beim Jobcenter und in der Ausländerbehörde traf.

Wir, wenn ich den kollektiven Plural verwenden darf, folgten also dem Rat der Kanzlerin, wir gingen auf Flüchtlinge zu; gut, es hätte dieses Rats nicht bedurft, wir machten es einfach so. Wir redeten, wir lachten, wir sorgten, wir stritten, wir wurden Freunde, mit allen Höhen und Tiefen, die das so mit sich bringt. Nicht nur unser eigener Horizont wurde erweitert, nicht nur eigene Ängste wurden überwunden, auch der Horizont unserer neuen Freundinnen und Freunde erweiterte sich, auch sie mussten vielleicht sogar noch größere Ängste vor den Fremden überwinden. Auch wenn das alles nicht einfach ist, die Bekanntschaften und Freundschaften mit Flüchtlingen machen Hoffnungen darauf, dass ein Zusammenleben über Differenzen hinweg funktionieren kann, dass es ein gesellschaftliches Vertrauen gibt, das Fremden gegenüber offen ist. Es stärkte, das Pathos sei hoffentlich verziehen, ein Vertrauen in die Demokratie, die sich nicht in Wahlen erschöpft, sondern eine gelebte Praxis ist.

Und dann? Dann kommen die Einladung zur Anhörung im Asylverfahren beim BAMF. Manche Anhörer und Anhörerinnen sind feinfühlig, manche Dolmetscher übersetzen das Vorgetragene genau. Aber oft werden misstrauische Fragen gestellt. Zum Christentum konvertierte Muslime berichten immer wieder davon, mit detaillierten Bibelfragen konfrontiert zu werden, die kein deutscher Christ, selbst kein regelmäßiger Kirchgänger, beantworten könnte. Menschen werden zur Eile gedrängt, was sie zu sagen haben, wird als irrelevant abgetan, sie werden mit barschem Ton unter Druck gesetzt, ein Anhörer schlug gar einmal auf den Tisch. Ehrenamtlichen Begleitungen, die eigentlich bei Anhörungen dabei sein dürfen, wurde immer wieder der Zugang verwehrt.

Danach beginnt eine Zeit des bangen Wartens. Waren die vorgebrachten Fluchtgründe ausreichend? Zwar erhalten fast ausnahmslos alle syrischen Flüchtlinge einen Schutzstatus, aber reichten die vorgebrachten Gründe dafür aus, den Schutzstatus gemäß der Genfer Flüchtlingskonvention zu erhalten oder gibt es nur subsidiären Schutz? Ein syrischer Physiotherapeut berichtete etwa, er sei aus der IS-Hochburg Rakka geflohen, weil er sich geweigert habe, nur Mitglieder des IS zu behandeln. Als Therapeut wollte er alle Menschen gleichermaßen versorgen. Es reichte nicht für den Flüchtlingsschutz, eine individuelle Verfolgung war angeblich nicht erkennbar. Ein irakischer Freund, der Chemie studiert hatte und daher vom IS als Bombenbauer angeworben werden sollte, erhielt ebenso wenig Schutz, da er ja sichere Zuflucht im Südirak hätte finden können, so die Begründung des BAMF. Vor allem bei unseren afghanischen, aber auch bei irakischen und iranischen Freunden (Frauen sind hiervon weniger betroffen) sind die Sorgen groß, dass ihr Asylantrag am Ende abgelehnt wird – um die 50 Prozent afghanischer Antragssteller erhalten einen Schutzstatus, die andere Hälfte wird abgelehnt, mit steigender Tendenz. Dabei bestehen zahlreiche Ablehnungsbescheide vornehmlich aus Textbausteinen, die die vermeintliche Sicherheitslage in Afghanistan schildern und auf angeblich existierende interne Fluchtmöglichkeiten hinweisen. Auf die individuellen Fluchtgründe, die in Anhörungen ausführlich geschildert werden, gehen die Bescheide oft nur am Rande ein.[15]

15 Ausführliche Beispiele finden sich im von Wohlfahrtsverbänden, Richter- und Rechtsanwaltsvereinigungen und Pro Asyl verfassten *Memorandum für*

Irgendwann kommt der mit Hoffen und Bangen erwartete Brief vom BAMF, der über das Schicksal der Menschen und ihrer Familien entscheidet. Dürfen sie in Deutschland bleiben, dürfen sie ihre Familien nachholen? Was würde die Kanzlerin nun raten, wenn der Brief die Ablehnung des Asylantrags enthält, wenn unsere Freunde zum Verlassen des Landes aufgefordert werden und die Abschiebung angedroht wird oder die Familie nicht aus Syrien hergeholt werden kann? Der Innenminister forderte einmal, dass gute nachbarschaftliche Beziehungen, etwa ein Engagement im Fußballverein, einer Durchsetzung des deutschen Ausländerrechts, also der Abschiebung, nicht im Wege stehen sollten, dass sich die Nachbarn und Vereinskollegen doch bitte nicht jedes Mal für ein Bleiberecht einsetzen sollten.[16] In die gleiche Kerbe schlug Andreas Scheuer, Generalsekretär der CSU, der sich über fußballspielende und ministrierende Flüchtlinge beschwerte, denn diese würde man nie wieder loswerden.[17] Soll man sich also, nachdem man Ängste überwunden hat, nachdem man seinen Horizont ein wenig erweitert hat, dafür bedanken und vielleicht mit einem kleinen Geschenk und Wünschen für viel Glück in der Heimat verabschieden? So funktionieren Freundschaften nicht. Wir helfen unseren Freunden beim Klagen gegen ablehnende Bescheide, wir versuchen sie dabei zu unterstützen, eine Ausbildung zu finden, was zu einer Bleibeperspektive führen kann. Auch wenn man als ‚ehrenamtlicher Helfer‘ dauernd von Politikern gelobt wird, so sind wir ja keine Erfüllungsgehilfen

faire und sorgfältige Asylverfahren in Deutschland. Standards zur Gewährleistung der asylrechtlichen Verfahrensgarantien, November 2016. https://www.proasyl.de/wp-content/uploads/2015/12/Memorandum-f%C3%BCr-faire-und-sorgf%C3%A4ltige-Asylverfahren-in-Deutschland-2016.pdf (Zugriff am 26.09.2017).

16 Asylrecht. De Maizière fordert mehr Rückhalt für Abschiebungen. In: *Zeit Online*, 12.06.2016. http://www.zeit.de/politik/deutschland/2016-06/thomas-de-maiz-ere-abschiebungen-proteste (Zugriff am 28.09.2017).

17 Ruth Giesinger: Asylrecht. CSU-Generalsekretär zur Asylpolitik: „Das Schlimmste ist ein fußballspielender, ministrierender Senegalese." In: *Tagesspiegel*, 18.09.2016. http://www.zeit.de/politik/deutschland/2016-06/thomas-de-maiz-ere-abschiebungen-proteste (Zugriff am 28.09.2017).

deutscher Asyl- und Integrationspolitik. Wenn wir helfen, dann den Menschen, die hier ankommen und die sich hier ein Leben aufbauen wollen.

Integration, so heißt es quer durch fast alle Parteien, sei ohne die ‚Ehrenamtlichen' nicht möglich. Vom Bayern bis Berlin gibt es Ehrungen für sie. Wer macht, was die Kanzlerin verlangte, wer auf Flüchtlinge zugeht, wer Ängste überwindet und Horizonte erweitert, macht mehr, als zur vielbeschworenen Integration beizutragen. Es sind Akte der Solidarität, die Vertrauen zwischen Fremden schaffen, es zumindest schaffen können. Wer so auf Fremde zugeht, fragt nicht zuerst, warum sie geflohen sind, ob ihre Geschichte wirklich glaubhaft ist, ob es Widersprüche in der Geschichte gibt, ob die Bedrohung wirklich so groß war, dass man nach Deutschland fliehen musste, ob es nicht gereicht hätte, wenn sie innerhalb des Landes in eine angeblich sichere Gegend, wie im Falle Afghanistans Kabul oder Mazar-e Sharif, geflohen wären. Niemand fragt danach, ob jemand im Sinne des deutschen Asylrechts ein legitimer Flüchtling ist – ganz abgesehen davon, dass die Entscheider beim BAMF wohl oftmals zu ganz anderen Schlüssen kämen. Solche Fragen nach der Legitimität von Fluchtgründen, auf die letztlich die Anhörung beim BAMF abzielt, sind von einem grundsätzlichen Misstrauen geprägt. Man spürt das, wenn man mit Flüchtlingen über das bevorstehende Interview spricht und dann die kritischen und misstrauischen Fragen stellen muss, die auch in der Anhörung gestellt werden.

Natürlich macht es Sinn, dass bei einer Anhörung kritisch und grundsätzlich misstrauisch nachgefragt wird. Gleiches würde für jede Zeugenvernehmung vor Gericht gelten. Aber Freundschaften und, ins politische gewendet, gesellschaftlicher Zusammenhalt bauen nicht auf *Misstrauen*, sondern auf *Vertrauen* auf. Nach dem Münchner Amoklauf bemerkte von Altenbockum, Vertrauen sei stärker als die Angst und der Schrecken, den Terror verbreiten will.[18] Persönliche Freundschaften

18 Von Altenbockum: Amoklauf in München.

und das Vertrauen, auf dem sie basieren, schaffen und bieten gleichsam einen Raum jenseits der Angst, nicht nur jener Angst der Deutschen vor Fremden, die es zu überwinden gilt, sondern auch jenseits der Ängste, die viele Flüchtlinge haben. Mariam erklärte beispielsweise, in unserer Freundschaft könne sie mit mir über alles reden, ohne Angst vor negativen Konsequenzen haben zu müssen, wenn sie ihre Meinung offen sage, was in ihrer Familie so nicht möglich war.

Während man sich also in Freundschaften mit Flüchtlingen bemüht, gegenseitiges Misstrauen und Ängste voreinander abzubauen, erhöht die Regierungspolitik und die Entscheidungspraxis des BAMF den Druck. Es ist eine Politik der Verunsicherung mit dem kaum verdeckten Hintergedanken, Menschen zur ‚freiwilligen‘ Rückkehr zu bewegen. Ängste löst das übrigens nicht nur bei Flüchtlingen aus, sondern auch bei ihren neuen Freunden. Wie diese Abschiebungen Freundschaften zerstören können, zeigen Beispiele von Afghanen, die im Zuge der im Dezember 2016 wieder aufgenommenen Sammelabschiebungen ausgewiesen werden sollten. Im Internet machte die Geschichte von Ahmad Shakib Pouya die Runde. Der Mann war 2008 vor den Taliban aus Afghanistan geflohen und nach Deutschland gekommen, doch sein Asylantrag wurde abgelehnt. Dennoch begann er das zu machen, was man als Integration bezeichnet: Er lernte Deutsch, fand eine feste Stelle bei der IG Metall, engagierte sich bei Kunst- und Kulturprojekten, die ihn zum Bundespräsidenten nach Bellevue und in die Talkshow von Markus Lanz führten: ein ‚Musterbeispiel‘ an gesellschaftlicher Integration. Auch persönlich lief es gut, er fand Freundinnen und Freunde, verliebte sich in eine deutsche Frau, sie wollten heiraten. Doch vor der Heirat wurde ihm sein Pass entzogen und die bayrische Landesbehörde verweigerte dem Mann eine Verlängerung der Arbeitserlaubnis, auch wenn er perfekt auf die Stelle – es ging um ein Integrationsprojekt für Flüchtlinge – passte, wie man der Presse entnehmen konnte. Erst in letzter Minute wurde seine Abschiebung ausgesetzt, damit er noch an Aufführungen einer Oper über das

Schicksal von Flüchtlingen teilnehmen konnte. Er reiste dann freiwillig aus und konnte, zu seinem Glück, schnell wieder mit einem Künstlervisum einreisen. Ob er aber langfristig bleiben darf, ist beim Schreiben dieser Zeilen ungewiss. Viele weitere Beispiele ließen sich anführen. Freiwillige, so heißt es in einem Bericht über eine Demonstration in Augsburg für Pouya, stünden frustriert vor einem Trümmerhaufen ihrer Integrationsbemühungen.[19] So konterkariert eine politische Praxis, die Angst und Frustration bei Freiwilligen und natürlich noch viel mehr bei Flüchtlingen schafft, die Aufforderung der Kanzlerin, zum Abbau von Ängsten beizutragen. Aber vielleicht ging es ihr ja nur um die Deutschen, die ihre Ängste überwinden und Horizonte erweitern sollten, nicht aber um die Ängste von Flüchtlingen. Vielleicht wollte sie nur eine Art *Horizonterweiterung light*, die aber nicht zu einer Solidarität mit neuen Freunden wird. Zum Glück klappt das nicht.

So fordern Politiker und Politikerinnen aller Couleur (wenn man einmal jene der AfD und vielleicht Teile der CSU ignoriert) gesellschaftlichen Zusammenhalt. Bilder wie jene einer Überwachungskamera einer Bank, die einen alten Mann zeigten, der kollabierte und verstarb, während mindestens zehn Menschen über ihn stiegen, ohne zu helfen, verstören und lösen einen allgemeinen Empörungsschrei aus. Gegen jene, die teilnahmslos über den alten Mann stiegen, wird nun wegen unterlassener Hilfeleistung ermittelt. Die zahlreichen in der ‚Flüchtlingshilfe‘ engagierten Menschen werden dann gerne als Gegenbeispiele bemüht, die eindrucksvoll zeigten, wie hilfsbereit und solidarisch die Deutschen doch seien (dass aber diese Solidarität ohne die tatkräftige Unterstützung vieler Flüchtlinge selten möglich wäre, bleibt unerwähnt). Es macht sich sicherlich gut fürs Image Deutschlands. Der Politikwissenschaftler Herfried Münkler meinte gar, der Widerstand anderer

19 Eva Maria Knab/Christian Mühlhause: Empört über Abschiebungen. In: *Augsburger Allgemeine*, 09.01.2017. http://www.augsburger-allgemeine. de/augsburg/Empoert-ueber-Abschiebungen-id40156337.html (Zugriff am 28.09.2017).

europäischer Länder gegenüber Deutschlands Asylpolitik im Jahr 2015 gründe auch darauf, dass Deutschland nun mit einer moralischen Superiorität auftreten könnte.[20]

In der Tat, jenseits aller Bilder war die Solidarität beeindruckend. Im November 2016 postete eine Freundin auf Facebook eine Erinnerung an die nächtliche Situation vor dem LAGeSo im vorherigen Jahr: ein Bild der Schande. Aber das LAGeSo war nicht nur ein Ort der Schande. Es war auch ein Platz, an dem Menschen aus verschiedenen Welten, sowohl Deutsche mit sehr unterschiedlichen Lebensgeschichten als auch Geflüchtete, zusammentrafen, Vertrauen schufen und sich anfreunden konnten. Das LAGeSo war auch ein Ort großer Solidarität, und noch habe ich die Hoffnung, dass diese Solidarität auch ansteckend sein kann. Das ist, wie gesagt, nicht immer einfach, auch im persönlichen Umgang mit geflüchteten Menschen. Aber die bei weitem schlimmste Hürde bei all dem ist eine offizielle Politik, die Zusammenhalt auseinanderreist, die dafür sorgt, dass Freundschaften und gute nachbarschaftliche Beziehungen zerrissen werden. Der Kampf mit Bürokratien, der Versuch, gegen negative Entscheidungen des BAMF anzugehen, kostet Kraft und Energie, die andernorts viel sinnvoller eingesetzt werden könnten. Man könnte es auch ökonomisch betrachten: Weshalb sollte man Zeit und (emotionale) Ressourcen einsetzen, weshalb sollte man sich bemühen, die Probleme von Menschen zu verstehen und ihnen unsere ‚Regeln‘ zu erläutern, wenn am Ende die Abschiebung steht? Warum sollte man sich um mehr gesellschaftlichen Zusammenhalt bemühen, wenn dieser am Ende staatlicherseits zerrissen wird?

Natürlich ließe sich nun einwenden, dass eine solche Haltung letztlich danach verlange, Tür und Tor für alle zu öffnen, gleich ob sie wirklich vor Verfolgung fliehen oder nicht. Denn auch wenn ich Behauptungen, Afghanistan sei zumindest in Teilen

20 Herfried Münkler: Die Satten und die Hungrigen. Die jüngste Migrationswelle und ihre Folgen für Deutschland und Europa. In: Anja Reschke (Hrsg.): *Und das ist erst der Anfang. Deutschland und die Flüchtlinge.* Reinbek: Rowohlt 2015, S. 187–201, hier S. 201.

ein sicheres Land und die Menschen könnten in Kabul oder Mazar-i-Sharif Zuflucht und auch ein Auskommen finden, angesichts von Meldungen über eine immer weiter steigende Zahl von zivilen Opfern für absurd halte, so kann die Legitimität von Fluchtgründen kein Kriterium dafür sein, dass man Menschen hilft hier anzukommen und dabei Freundschaften schließt. Es ist ein Dilemma: Einerseits wird sowohl von Flüchtlingen wie von Deutschen Integrationsbereitschaft gefordert, andererseits wird dann der durch Integrationsanstrengungen geschaffene und viel gepriesene gesellschaftliche Zusammenhalt zerrissen. Der Auftritt Merkels, die einem palästinensischen Mädchen, das mit seiner Familie seit Jahren in Deutschland lebt, ohne eine sichere Perspektive zu haben, in einer Talkshow erklärte, es könne nicht jeder in Deutschland bleiben, um danach das weinende Mädchen kurz tröstend zu umarmen, symbolisiert dieses Dilemma. Das Mädchen ist Teil einer Klassengemeinschaft, es hat hier Freundinnen und Freunde und doch schwebte (die Situation klärte sich mittlerweile zugunsten der Familie) das Damoklesschwert der Abschiebung über der Familie. Schlichtweg zynisch mutet es da an, wenn ein Theaterprojekt mit jugendlichen Geflüchteten vom Präsidenten des Berliner Abgeordnetenhauses ausgezeichnet wird und dann für die letzte verbliebene Teilnehmerin vor der Härtefallkommission um ein Bleiberecht gerungen werden muss, während alle andere ausgezeichneten Jugendlichen bereits abgeschoben wurden. Immerhin erwiesen sich die Härtefallkommission und der entscheidende Berliner Innensenator in diesem Fall als gnädig und das Mädchen darf bleiben.

Sollte man dieses Dilemma lösen, indem man mit der Integration wartet, bis über einen Asylantrag entschieden ist und dann nur jene integriert, die auch anerkannt werden? So wird in Hinsicht auf offizielle Integrationskurse vorgegangen. Nur wer aus Ländern mit einer sogenannten guten Bleibeperspektive kommt (das sind Länder mit einer statistischen Schutzquote von über 50 %, namentlich Syrien, Eritrea, Irak, Iran und seit kurzem auch Somalia, nicht aber Afghanistan), kann einen staatlich finanzierten Integrationskurs bereits vor Abschluss des Asylverfahrens besuchen. Alle anderen sollen eigentlich warten mit dem Deutschlernen, bis ihr Fall entschieden ist. In eine ähnliche Richtung zielt die Idee von Transitzonen, in denen Menschen verharren sollen, bis ihre Bleibeperspektiven geklärt sind. Die Berliner Senatsverwaltung stellte allerdings Gelder zur Verfügung, damit auch jene Deutschunterricht bekommen, die keinen Zugang zu regulären Integrationskursen erhielten. Ähnliche Programme werden vom Europäischen Sozialfonds gefördert – zum Glück.

Am Beispiel von Afghanen lässt sich verdeutlichen, welche Konsequenzen diese Politik hat. Die Anerkennungsquote liegt, bei monatlichen Schwankungen, zwischen 45 und 50 %; das heißt, fasst jeder zweite Asylsuchende aus Afghanistan erhält am Ende einen Schutzstatus. Von der Stellung des Asylantrags bis zur Entscheidung vergeht in Berlin etwa ein Jahr, manchmal dauert es auch länger. Ohne die Angebote der Volkshochschulen wäre es ein verlorenes Jahr, das die Menschen nur untätig in Unterkünften verbringen würden. Soll man nun also ein Jahr warten, ohne die Sprache zu lernen, ohne andere Qualifikationen zu erwerben, ohne Kontakte aufzubauen? Zum Glück machen viele Menschen aus Afghanistan genau dies nicht. Ein junger Mann, der sehr aktiv Deutsch lernte, machte ein Praktikum in einem landwirtschaftlichen Betrieb; mir erzählte er mit leuchtenden Augen von den riesigen Melonen, die sie in Afghanistan gezüchtet hatten. Ein anderer junger Afghane lernte jede Nacht auf der Busfahrt Deutsch, finanzierte sich dann, erfolgreich, einen Deutsch-Test auf B1-Niveau und suchte sich ein Praktikum als Elektriker, das schließlich zu einer Ausbildung führte. Er wird zum guten Handwerker, immer mit geschmierter Stulle zur Mittagspause unterwegs. Andere suchen sich Praktika in Handwerksbetrieben, IT-Firmen oder Verlagen; sie lernen rasch Deutsch. In allen Fällen funktioniert die geforderte Integration, manchmal mit einem gewissen Knirschen, sei es, weil es bürokratische Hindernisse gibt, sei es, weil die Zuverlässigkeit der Geflüchteten nicht immer den Erwartungen ihrer Arbeitgeber entspricht. Aber es funktioniert. Und immer schwebt die Gefahr der Ablehnung des Asylantrags und damit einer Abschiebung über den Köpfen der Menschen. „Endlich kann ich eine Nacht ruhig schlafen", schrieb mir ein junger Afghane mit abgelehntem Asylantrag, nachdem er eine Ausbildung gefunden hatte.

Letztlich sind es zwei sich in der Praxis widersprechende politische Ziele: Einerseits soll der ‚Zustrom‘ von Flüchtlingen begrenzt werden, sollen jene, denen nach deutschem Recht kein Asyl zusteht, abgeschoben werden, andererseits sollen sich die „neuen Deutschen", so der Titel eines Buchs von Herfried und Marina Münkler, um Integration bemühen.[21] Lösbar ist diese Situation nur politisch dezisionistisch: Es muss eine Entscheidung zwischen beiden Zielen getroffen werden. „You can't have the cake and eat it, too": Man kann die Menschen, Flüchtlinge wie Einheimische, nicht dazu auffordern, sich um Integration und gesellschaftlichen Zusammenhalt zu bemühen und dann versuchen, diesen Zusammenhalt mit einem Schlag mit einer Abschiebung zunichte zu machen. Die Reaktion der Berufsschülerinnen und -schüler in Nürnberg, die mit Straßenblockaden versuchten, einen afghanischen Mitschüler vor der Abschiebung zu bewahren, zeigt, dass dies zu Widerstand führt. Herfried und Marina Münkler sehen ein zumindest ähnliches Dilemma, wenn sie betont nicht humanitär argumentierend danach fragen, wer von Integrationsmaßnahmen, etwa Sprachkursen, profitieren soll. Eine Kosten-Nutzen-Rechnung aufmachend, plädieren sie dafür, zunächst alle ankommenden Flüchtlinge – mit Ausnahme jener, bei denen wirklich klar ist, dass sie nach wenigen Wochen das Land wieder verlassen werden – so zu behandeln, *als ob* sie auf Dauer bleiben würden. Auch wenn sie dies am Ende nicht tun, sei es freiwillig oder unfreiwillig, so wäre es doch ein „Empowerment", letztlich auch

---

21 Herfried Münkler / Marina Münkler: *Die neuen Deutschen. Ein Land vor seiner Zukunft.* Berlin: Rowohlt 2016.

eine „Aufbauhilfe" für die Länder, in die sie zurückkehren.[22]
Somit plädieren die Münklers für mehr Großzügigkeit, aus
wohlverstandenem Eigeninteresse heraus, und gegen Kleinlich-
keiten und ständige Sanktionsandrohungen, die letztlich der
Integration nur schaden. Verpflichtungserklärungen zu unter-
schreiben, so analysieren sie zutreffend, kommuniziere nichts
als Misstrauen und treibe damit geradezu in die Integrationsverweigerung hinein.

Die Münklers schreiben viel Kluges zu integrationspolitischen
Imperativen. Sie haben ein „politisches", kein „erbauliches"
Buch vorgelegt, wie Herfried Münkler in einem Zeitungs-
interview betonte.[23] Man merkt ihnen eine gewisse Bewunderung für die breite Hilfsbereitschaft aus der Bevölkerung
an. Auch sie konstatierten, dass die Mitmenschlichkeit, die
viele freiwillige Helferinnen und Helfer zeigten, angesichts
der verbreiteten Auffassung, „diese Gesellschaft sei von Ego-
ismus und Kaltherzigkeit geprägt", überraschend war.[24] Aber
was diese Solidarität (die Münklers sehen bei den Einheimischen eher Barmherzigkeit oder Mitleid am Werke, die sie
von Solidarität unterscheiden wollen, eine Einschätzung, die
ich nicht teile) politisch bedeuten kann, was sie für Integration und gesellschaftlichen Zusammenhalten bedeuten kann,
fragen die Münklers, bei aller Sympathie, nicht, auch wenn
sie sehen, dass ‚Flüchtlingshelfer' aus einer Verantwortung
für ihr Land handeln. Sie sehen eher religiöse denn politische
Motive am Werk und meinen, dass vor allem aus kirchlichen
Kreisen Unterstützung für Flüchtlinge kommt. Mein Eindruck
aus Berlin ist allerdings ein anderer: Hier sind es eher atheistisch und Religionen gegenüber kritisch eingestellte Menschen, die sich für Flüchtlinge engagieren. In ihrer Diskussion

---

22 Ebd., S. 233.
23 Christian Geyer / Andreas Kilb / Regina Mönch: Gespräch mit Marina
und Herfried Münkler. Ein Traum für Deutschland. In: *FAZ*, 26.08.2016.
http://www.faz.net/aktuell/feuilleton/debatten/marina-und-herfried-
muenkler-die-neuen-deutschen-14405574.html (Zugriff am 28.09.2017).
24 Münkler / Münkler: *Die neuen Deutschen*, S. 174.

integrationspolitischer Imperative spielt diese Solidarität oder Barmherzigkeit allerdings keine Rolle. Diese Imperative richten sich an ‚die Politik‘, das heißt an staatliches Handeln. Die Zivilgesellschaft kann dann bei der Integration nur noch unterstützend tätig sein. Welche Rolle dieses zivilgesellschaftliche Handeln, welche Rolle die Unterstützung für Flüchtlinge, die Kontakte und Freundschaften mit ihnen *politisch* spielt, wird nicht gefragt. Damit aber kann auch nicht die Frage gestellt werden, was es politisch bedeutet, wenn Zusammenhalt auseinandergerissen wird, wenn Freundschaften und Beziehungen durch Abschiebungen zerstört werden.

X. Politische Freundschaften

Am Anfang dieses Buchs stand ein großer Optimismus. Die Freundschaft mit Mariam war eine ungewöhnliche und bewegende Freundschaft. Sie ist eine mutige junge Frau, die von einer Freiheit träumt, die für uns selbstverständlich ist. Dieser Mut beeindruckte mich ebenso wie die Solidarität vieler Menschen gegenüber Flüchtlingen hier, allen von rechts geschürten Ängsten zum Trotz. Ich hoffe, dass es daher auch ein erbauliches Buch ist, ein Buch, das Mut macht, das zeigen kann, wie Freundschaften trotz aller Ängste funktionieren können. Damit ist es auch ein politisches Buch. Über Freundschaften wird in Deutschland selten in politischer Hinsicht nachgedacht. Manchmal liest man schöne Geschichten von Flüchtlingen, die bei deutschen Familien ein Zuhause finden, von Familien, die so Teil der deutschen Gesellschaft werden. Aber diese Geschichten spielen selten eine Rolle in den Diskussionen über Flüchtlingspolitik, über Integrationschancen und politische Konsequenzen der Krise. Dort sind ja auch kalte Analysen gefragt – oder heiße Worte.

Wenn, was eher selten passiert, von Chancen gesprochen wird, die sich aus der Ankunft von Flüchtlingen ergeben, dann werden arbeitsmarktpolitische Argumente vorgebracht, frei nach dem Motto: Die Flüchtlinge von heute werden unsere Rente von morgen sichern und uns im Alter mangels eigener Kinder pflegen. Ein Wohlfahrtsverband hatte im Sommer 2015 entsprechende Poster gedruckt. Unter einem jungen Mädchen stand die Frage „Wird sie dich einmal im Alter pflegen?" und unter einem kleinen Jungen „Wird er einmal das entscheidende Tor für Deutschland schießen?". Durch Flüchtlinge, so die

Hoffnung bei manchen, ließe sich der Mangel an Fachkräften auf dem deutschen Arbeitsmarkt beheben. Allerdings sind es doch eher, quer durchs politische Spektrum, Sorgen um mögliche Herausforderungen, die in der politischen Diskussion vorherrschen. Denn einfach ist die Integration in den Arbeitsmarkt nicht. Zwar wird immer wieder von überaus motivierten Flüchtlingen berichtet, die sich bewusst sind, wie wichtig der Erwerb der deutschen Sprache ist, aber eine Schulbildung, die deutschen Standards nicht genügt und die in von Bürgerkriegen und Terrorismus geschundenen Ländern fehlt (wobei Syrien und Irak besser dastehen als Afghanistan oder Eritrea), lässt sich nicht schnell aufholen. Zunächst verursacht eine Integration in den Arbeitsmarkt Kosten für Spracherwerb und Ausbildung; und es ist unklar, ob diese Integration gelingt oder ob Flüchtlinge nicht langfristig hohe Kosten für den ohnehin belasteten deutschen Sozialstaat darstellen – so die Befürchtung vieler. Entsprechend richten sich auch die Forderungen an Flüchtlinge. Arbeitsministerin Andrea Nahles forderte beispielsweise von Flüchtlingen, diese müssten alle Anstrengungen unternehmen, für sich und ihre Familie zu sorgen, was auch bedeutet, Sprachkurse zu besuchen.[25] Wenn man in der Praxis sieht, wie viele bürokratische Hürden bis zur Arbeitsaufnahme zu überwinden sind, muten solche Forderungen nur bizarr an.

Andere haben größere Sorgen. Im Herbst und Winter 2015/2016 äußerten sich eine bemerkenswerte Anzahl deutscher Historiker – es waren, soweit ich sehen kann, fast ausschließlich Männer – tief besorgt über die möglichen Gefahren für die deutsche demokratische Gesellschaft angesichts der Ankunft zahlreicher Menschen aus muslimisch geprägten Ländern. Althistoriker Alexander Demandt veröffentlichte einen Text in der *FAZ*, der zunächst von der Zeitschrift *Die*

---

25 Andrea Nahles: Ohne Integration werden die Leistungen gekürzt. In: *FAZ*, 31.01.2016. http://www.faz.net/aktuell/politik/inland/andrea-nahles-fordert-fluechtlinge-auf-sich-zu-integrieren-14044777.html (Zugriff am 28.09.2017).

Politische Meinung abgelehnt worden war, was die *FAZ* als kleinen Skandal betrachtete.[26] Darin zeichnet der Historiker den Untergang des Römischen Reichs nach, ohne explizit auf die gegenwärtige Situation einzugehen. Zunächst waren Fremde (Goten) im Römischen Reich als Siedler, Soldaten und Steuerzahler willkommen, doch am Ende brach das Imperium zusammen. „Überschaubare Zahlen von Zuwanderern ließen sich integrieren. Sobald diese eine kritische Menge überschritten und als eigenständige handlungsfähige Gruppen organisiert waren, verschob sich das Machtgefüge, die alte Ordnung löste sich auf", fasst Demandt seine Befunde zusammen.

Mit der wissenschaftlichen Autorität des Historikers empfiehlt Demandt denn auch der Kanzlerin: „Wir müssen den Zustrom begrenzen. Das weiß im Grunde auch jeder." Der Professor bedient sich einer rhetorischen Figur, die man Studierenden versucht auszutreiben, entbindet man sich doch so von der Notwendigkeit, zu argumentieren: Was jeder weiß, das bedarf keiner Begründung, um dann fortzufahren:

> Dazu muss man Härten in Kauf nehmen. Denn es muss sich erst herumsprechen, dass es sich nicht lohnt, nach Deutschland zu kommen. Wir dürfen unsere Souveränität nicht aufgeben. Frau Merkel darf nicht zum Wohle fremder Regierungen und auf Kosten des deutschen Volkes handeln. Ihr Amtseid sieht das Gegenteil vor. Hier schwingt ein moralisches Überheblichkeitsgefühl mit. Man muss sich für das eigene Volk einsetzen – und nicht davonlaufen.

Sein Kommentar liest sich wie ein Lehrbuchbeispiel dafür, warum der Blick in die Vergangenheit, hier eine weit zurückliegende, den Blick auf die Gegenwart verstellt. Dass Menschen heute vor Gewalt, Krieg und Terror fliehen, ein Thema, das in seiner historischen Abhandlung keine Rolle spielt, kommt ihm wohl auch bei der Beurteilung der gegenwärtigen Situation nicht in den Sinn. Dass sich die heutige Gesellschaft, übrigens

---

26 Alexander Demandt: Untergang des Römischen Reichs. Das Ende der alten Ordnung. In: *FAZ*, 22.01.2016. http://www.faz.net/aktuell/politik/staat-und-recht/untergang-des-roemischen-reichs-das-ende-der-alten-ordnung-14024912.html (Zugriff am 28.09.2017).

nicht nur die deutsche, sondern auch die globale, vielleicht entscheidend verändert haben könnte, was etwa ihre Integrationsfähigkeit anbelangt, ebenso wenig. Gerade als Historiker sollte er ein wenig mehr Sinn für Geschichtlichkeit an den Tag legen.

Auch andere Historiker sorgten sich, von Heinrich-August Winkler, einem viel gepriesenen Verfechter des ,Westens' und seiner Werte, über Manfred Hettling, einem Spezialisten für das 19. Jahrhundert, der in der Regel weder im Fach noch darüber hinaus Aufsehen erregt, zu Jörg Baberowski, einem auch über die Disziplin hinaus bekannten Russlandhistoriker, der in vergangenheitspolitischen Debatten, um es etwas simplifizierend auszudrücken, eher rechte Positionen eingenommen hat.[27] In mehr oder minder scharfen Tönen kritisierten sie, dass Deutschland viele Flüchtlinge aufnahm. Winkler etwa behauptete, das „friedliche Zusammenleben von Menschen aus unterschiedlichen Kulturen" setze „eine gemeinsame politische Kultur voraus – und das kann nur die des Grundgesetzes, der deutschen Ausprägung der politischen Kultur des Westens, sein." Man wundert sich für einen Moment, was genau eigentlich der Unterschied zwischen einer „Kultur", die ja fremd sein kann, und einer „politischen Kultur", die man gemein haben solle, sein könnte und welche politische Kultur

---

27 Siehe etwa Manfred Hettling: Flüchtlingsdebatte. Die Zumutung des Solidaritätsempfindens. In: *FAZ*, 20.10.2015. http://www.faz.net/aktuell/feuilleton/debatten/manfred-hettling-ueber-nationale-zugehoerigkeit-13865045.html (Zugriff am 28.09.2017); Jörg Baberowski: Ungesteuerte Einwanderung. Europa ist gar keine Wertegemeinschaft. In: *FAZ*, 14.09.2015. http://www.faz.net/aktuell/feuilleton/debatten/joerg-baberowski-ueber-ungesteuerte-einwanderung-13800909.html (Zugriff am 28.09.2017); ders.: Deutschland verwandelt sich in eine Tugend-Republik. In: *Neue Züricher Zeitung*, 27.09.2015. https://nzzas.nzz.ch/meinungen/deutschland-verwandelt-sich-in-eine-tugend-republik-ld.150170?reduced=true (Zugriff am 28.09.2017). Kritisch hierzu äußerte sich Patrick Bahners: Willkommenskultur. Der Affekt gegen den Affekt. In: *FAZ*, 30.09.2015. http://www.faz.net/aktuell/feuilleton/debatten/willkommenskultur-der-affekt-gegen-den-affekt-13830372.html (Zugriff am 28.09.2017).

eigentlich im Grundgesetz festgeschrieben sein soll, um dann
weiterzulesen:

> Zu ihr gehören an oberster Stelle die unveräußerlichen Menschenrechte,
> unter ihnen die Religions- und Meinungsfreiheit und die Gleichberech-
> tigung von Mann und Frau. Diese Rechte müssen eingeübt und verinner-
> licht werden, und das von früher Kindheit an.[28]

Womit eigentlich gesagt ist, dass Erwachsene aus Gegenden,
die noch nicht in den Genuss unseres Grundgesetzes gekommen sind, diese Rechte gar nicht mehr verinnerlichen könnten.
Abgesehen davon, dass Rechte von Individuen ausgeübt, vom
Staat geschützt werden und sich nicht „verinnerlichen" lassen,
wie Patrick Bahners anmerkte:[29] Die oft diskutierten Hass-
kommentare, Beleidigungen und Drohungen auf Facebook
oder in den Kommentarspalten von Zeitungen lassen Zweifel
aufkommen, ob das mit der Einübung seit frühester Kindheit
so funktioniert. Die allermeisten Flüchtlinge, mit denen ich
sprach, waren offen für einen Dialog, auch wenn manchmal
sehr unterschiedliche Ansichten aufeinanderprallten. Wenn
in sozialen Medien Hetzkommentare verbreitet werden, fehlt
diese Bereitschaft zum Dialog. Einen wohltuenden Kontrast
zu der in politischen Diskussionen im Netz allgegenwärtigen
Pöbelstimmung bot übrigens ein junger syrischer Mann, der
nach einem Jahr in Deutschland so gut Deutsch sprach, dass er
bald studieren konnte und in einer Videobotschaft Stellung zu
dem versuchten Mord an einem Obdachlosen in Berlin durch
eine Gruppe junger Syrer (und eines Libyers) nahm: Er bat
darum, *höflich* die Meinung zu seinem Video zu sagen – eine

---

28 Heinrich August Winkler: Deutschlands moralische Selbstüberschätzung. In: *FAZ*, 30.09.2015. http://www.faz.net/aktuell/politik/fluechtlings
krise/gastbeitrag-deutschlands-moralische-selbstueberschaetzung-13826534.
html (Zugriff am 28.09.2017).
29 Patrick Bahners: Zu Heinrich August Winkler. Der Westen – ein
frommer Wunsch. In: *FAZ*, 01.10.2015. http://www.faz.net/aktuell/
politik/staat-und-recht/zu-heinrich-august-winkler-der-westen-ein-frommer-
wunsch-13832634.html (Zugriff am 28.09.2017).

Tugend, die man sich bei Kommentaren im Internet öfters wünschen würde.

In diesen Debatten geht es nicht nur um Flüchtlingspolitik, es geht auch um das politische Selbstverständnis Deutschlands. Wie kann man aus Fremden „neue Deutsche" machen, fragen Herfried und Marina Münkler. Was macht einen Deutschen aus, jenseits des deutschen Passes? Leistungsbereitschaft, Pünktlichkeit, der Wunsch, für sich und seine Familie sorgen zu können, gehören ihnen zufolge dazu, ebenso der Wille, die deutsche Sprache zu erlernen, aber auch die Werte, die Winkler und andere beschwören. Damit verabschieden sich die Münklers übrigens von der Vorstellung, eine gemeinsame Herkunft und Tradition sei das entscheidende für die Zugehörigkeit zum ‚deutschen Volk'. Sie gehen, anders als etwa Winkler, davon aus, dass die Fremden, die Flüchtlinge, durchaus Deutsche werden können, wenn sie denn etwas dafür tun. Anders als viele Kommentatorinnen, die Beziehungen zwischen Deutschen und Flüchtlingen nur in praktischer Hinsicht erwähnen, etwa was den Spracherwerb oder Hilfe bei bürokratischen Fragen anbelangt, gestehen die Münklers Freundschaften eine integrative Funktion zu. Um „von einer wirklich gelungenen Integration" sprechen zu können, sei eine Integration in die Zivilgesellschaft, in nachbarschaftliche Strukturen und in Vereine nötig, schreiben sie.[30] Nur dann würden sie deutsch werden, nur dann würden sie sich mit dem Land, in das sie geflohen sind, identifizieren und nur dann ließe sich die Entstehung dauerhafter ‚Parallelgesellschaften' verhindern.

Freundschaften könnten in diesem Sinne funktional sein, indem sie bei der Integration helfen. Aber selten wird darüber geredet, weshalb Freundschaften, gerade zwischen Fremden, selbst politisch sein können, jenseits ihrer integrationspolitischen Funktionalität. Ich möchte hierzu ein paar Überlegungen vorstellen, denn ich begreife die Freundschaft mit Mariam und mit anderen ‚Fremden' als etwas durch und durch Politisches. In der Tat

---

30 Münkler / Münkler: *Die neuen Deutschen*, S. 285–286.

standen Freundschaften immer wieder im Zentrum politischen Denkens. Von Aristoteles über Cicero bis zu Jacques Derrida beschäftigten sich politische Philosophen mit der Freundschaft. Ohne Freundschaft gibt es keine Polis, meinte schon Aristoteles. Ekkehart Krippendorf fast dies, durchaus im Sinne dieses Buches, in einem kurzen, lesenswerten Text über „Freundschaft als politische Kategorie" zusammen: „Freundschaft, das ist die gelebte Gemeinsamkeit der Verschiedenheit." Politisch sei die Freundschaft deshalb, weil es nur dort Freundschaft geben könne, wo „das Andere als gleichwertig anerkannt wird"; und gleichzeitig bedarf die Freundschaft einer permanenten Neugier auf das Andere.[31]

Die Politikwissenschaftlerin Danielle Allen hat in ihrem Buch *Talking to Strangers* ein eindrucksvolles Plädoyer für politische Freundschaften vorgelegt.[32] „Mit Fremden sprechen" – das war es, was wir viele Nächte vor dem LAGeSo getan haben. Wir sprachen Menschen an, begrüßten sie, boten ihnen etwas zu Essen und zu trinken an, fragten, ob sie einen Platz zum Schlafen brauchen, versuchten, einen solchen zu organisieren, redeten mit ihnen über bürokratische Probleme. Manchmal waren es flüchtige Begegnungen: Wir sahen die Menschen an einem Abend, versuchten, ihnen, so gut es ging, zu helfen, und dann zogen sie weiter. Wir hörten uns Geschichten von unbegleiteten Minderjährigen an, die ihren Vater seit Monaten nicht gesprochen hatten und deren Mutter von den Taliban getötet worden war. Wir lachten mit jungen Flüchtlingen, die sich die Zeit mit Fußballspielen vertrieben, und schauten uns gemeinsam Fotos aus Afghanistan oder Syrien an, auch wenn sprachlich keinerlei Kommunikation möglich war. Manchmal, wie im Fall Mariams, ergaben sich daraus andauernde Freundschaften.

---

31 Ekkehart Krippendorf: Freundschaft als Politische Kategorie. Text zum Seminar „Wahre Freundschaft" vom 07. bis 09. Juni 2002 im Haus auf der Alb, Bad Urach. https://www.lpb-bw.de/publikationen/dokumentationen/Freundschaft.pdf (Zugriff am 28.09.2017), S. 3.

32 Danielle Allen: *Talking to Strangers. Anxieties of Citizenship since Brown vs. Board of Education.* Chicago: Universtiy of Chicago Press 2006.

Es ist aufschlussreich, für einen Moment innezuhalten und über Terminologien nachzudenken, sowohl über Bezeichnungen für Asylbewerber, um den juristischen Begriff zu gebrauchen, als auch für ‚Ehrenamtliche‘. Man wird vielleicht bemerkt haben, dass ich diese Begriffe mit einem gewissen Zögern verwendet habe. Wer erstere als *Migranten* bezeichnet, lässt zumindest offen, warum Menschen herkommen, ob aus (als illegitim angesehenen) wirtschaftlichen Gründen oder weil sie fliehen mussten; wer sie als Flüchtling bezeichnet, sieht jenen Zwang zur (unfreiwilligen) Flucht und betont damit, dass sie Opfern von Krieg und Gewalt sind, läuft aber auch Gefahr, sie auf ihren Opferstatus zu reduzieren. Um einer solchen Reduktion zu entkommen, verwenden manche – wie auch ich es manchmal getan habe – Begriffe wie *Geflüchtete* oder *Flüchtende*, was weniger kategorisierend und abwertend sei. Allerdings ist zu bedenken, dass der Begriff des *Flüchtlings* auch auf einen spezifischen und prekären rechtlichen Status verweist. Den Begriff zu vermeiden birgt zumindest die Gefahr, diesen problematischen Status aus den Augen zu verlieren.

Manche Unterstützerinnen und Unterstützer sprechen von ihren „Schützlingen" oder „Mündeln", oft ohne den eigentlich juristischen Gehalt des letztgenannten Begriffs im Auge zu haben. Beide Begriffe haben einen paternalistischen Klang, weshalb auch sie immer wieder kritisiert werden. Auf der anderen Seite ist vielfach von „Helfern" und „Helferinnen" die Rede, eine Begrifflichkeit, die Vereinsnamen wie „Moabit Hilft" vielleicht nahelegen. Sicherlich hat der Begriff auch seine Berechtigung, denn de facto helfen wir als ‚Ehrenamtliche‘ so gut wir können. Manche ‚Helfer‘ scheinen in diesem caritativen Helfen ganz und gar aufzugehen und darin ihre Identität zu finden: Ich kannte einen Mann, der sogar eine Visitenkarte mit der Selbstbeschreibung als „Flüchtlingshelfer" besaß. Aber der Begriff ist auch problematisch. Er weckt, darin gleichsam ein Spiegelbild des ‚Schützlings‘, Assoziationen des guten Samariters, der armen und schutzbedürftigen Menschen hilft. Eine Beziehung unter Gleichen impliziert er nicht.

Alle diese Begriffe sind letztlich unpolitisch; sie stammen aus einem ökonomischen oder humanitären Vokabular, das die Menschen nicht als politische Subjekte betrachtet. Was impliziert es, von Freundinnen und Freunden zu sprechen? Es ist ein Begriff aus der intimen, privaten Sphäre. Er signalisiert persönliche Verbundenheit, emotionale Nähe, aber auch eine gewisse Gleichheit. Unter Freundinnen und Freunden bestehen, so zumindest das Ideal, keine Hierarchien; sie mögen sich gegenseitig helfen, aber es ist nicht so, dass einer des anderen Schützling ist. Wer von einer Freundschaft spricht, geht von einer Kommunikation auf Augenhöhe aus. Mariam brachte das, als wir uns einmal stritten, sehr deutlich zum Ausdruck: „It's my life, and I need to solve my own problems." Dass de facto Unterschiede bestehen, ist unbestritten. Deutsche haben einen rechtlich sicheren Status, in der Regel Arbeit und eine Wohnung, den meisten geht es finanziell besser und sie kennen sich mit der Bürokratie und den Gepflogenheiten des Landes aus. Insofern sind Deutsche in einer privilegierten Situation. Das zu verneinen würde die Realität ignorieren. So formuliert der Begriff der Freundschaft auch ein Ideal der Gleichheit.

Aber was ist an diesem Ideal, was ist an Freundschaften, an flüchtigen Begegnungen wie an längeren Beziehungen, politisch? Gespräche mit Fremden, schreibt Danielle Allen, insbesondere mit Fremden aus Gegenden, die man fürchtet, können nicht nur Wissen über jene Gegenden vermitteln, sondern auch Ängste nehmen.[33] Aber nicht nur das: In Freundschaften – Allen spricht dezidiert von politischen Freundschaften, die sie von normalen Freundschaften unterscheidet – sieht man sich selbst durch die Augen eines Fremden. In diesem Sinne ist das „Reden mit Fremden" politisch. Es ist demokratisch, weil es zeigen kann, in welchem Zusammenhang das eigene Leben mit dem Leben Fremder steht. In Freundschaften werden Ängste vor dem Fremden überwunden, Vertrauen kann Misstrauen ersetzen. Sie sind der ganz praktische Beweis dafür, dass Differenzen

33 Allen: *Talking to Strangers*, S. 167–168.

nicht trennen müssen, dass nicht nur ein friedliches Nebenein-
anderherleben trotz großer Unterschiede möglich ist, sondern
Solidarität und Vertrauen. Freundschaften führen nicht nur
zur Identifikation mit dem Land und tragen in diesem Sinne
zur Integration bei, sie schaffen ein Gefühl von Verbundenheit,
das die Grundlage einer Polis ist. Solidarität wird hier, gerade
wenn Grenzen gegenüber Fremden überwunden werden, praktisch erfahrbar. In Freundschaften zwischen Fremden entsteht
ein *politischer* Zusammenhang, der seine Begründung nicht in
gemeinsamen Rechten, etwa dem Wahlrecht, das sich aus der
Mitgliedschaft im Staatsvolk ergibt, findet, sondern in Praktiken des Austauschs, des Dialogs, des Konflikts genauso wie des
gemeinsamen Lachens. Daher geht es mir auch nicht darum,
wie aus Fremden *Deutsche* werden können – das hätte mit mir
ja nichts zu tun, ich bin schon Deutscher – sondern wie aus
Fremden, wie *wir*, Freunde werden können.

Bei Freundschaften mit Flüchtlingen geht es auch nicht um
humanitäre Politik, etwas, was die Rhetorik des ‚Helfens‘ durchaus nahelegen könnte. Der Soziologe Didier Fassin bestimmt
eine „humanitäre Regierung“ (im Foucaultschen Sinne) als eine
„Politik des Lebens und eine Politik des Leidens“.[34] Bei humanitären Akten stehen, so Fassin, das biologische Überleben sowie
das individuelle und letztlich entpolitisierte Leiden im Vordergrund, sei es bei der Hilfe für Flüchtlinge, sei es bei Einsätzen
der Ärzte ohne Grenzen und selbst bei sogenannten humanitären Interventionen. Die Menschen, um die es geht, werden
als Opfer von Leid angesehen, deren Leben zu schützen sei. In
Berlin konnte man ein praktisches Beispiel der Probleme dieser
‚humanitären Politik‘ beim Civil March for Aleppo im Dezember 2016 beobachten. Die Veranstalter wollten, dass dort nur
weiße Fahnen, angeblich Symbole des Friedens, gezeigt werden
sollten. Fahnen der syrischen Revolution durften nicht getragen werden. Ebenso weigerten sich die Veranstalter, das syrische

---

34 Didier Fassin: *Humanitarian Reason. A Moral History of the Present*, aus
d. Franz v. Rachel Gomme. Berkeley: University of California Press 2012,
S. 248.

Regime und seine russischen Verbündeten zu kritisieren. Sie wüssten nicht, wer für die Bomben verantwortlich sei und seien generell für Frieden, hieß es von Seiten der Veranstalter. Angesichts dieser Entpolitisierung und der Weigerung, klar Stellung zu beziehen, distanzierten sich syrische Teilnehmer und riefen zum Boykott der Veranstaltung auf. Im Namen humanitärer Hilfe wurde Politik von der Veranstaltung verbannt.

Sich mit geflüchteten Menschen anzufreunden – und nicht jede und jeder, die und den man unterstützt, wird zur Freundin oder zum Freund im intimen, emotionalen Sinne – bedeutet aber gerade, sie nicht stets als Opfer zu sehen, die unserer Hilfe bedürfen. In der Tat, Mitleid mit anderen und Barmherzigkeit mögen zu großzügigen Spenden motivieren, sind aber keine gute Basis für eine Freundschaft. Mitleid, ein Gefühl gegenüber Schwächeren, das aus einer Position der eigenen Stärke heraus entsteht, empfand ich auch selten, auch nicht in den schlimmen Nächten am LAGeSo. Eher empfand ich Demut angesichts der Akte von Solidarität, die ich erleben durfte. Wenn Mariam ihre Träume von Freiheit mit mir teilt, dann geht es nicht ums reine Überleben, dann ist sie auch kein Opfer, auch wenn sie an ihrer Situation als afghanische Frau leidet. Jedenfalls nahm ich sie nicht als Opfer wahr; dazu ist sie eine zu starke Frau. Es geht um den Wunsch nach Freiheit, nicht zuletzt nach der Freiheit, Freunde zu haben, sie zu treffen, wann immer sie möchte. „Humanitäre Vernunft", schreibt Fassin in kritischer Absicht,

> schenkt dem biologischen Leben der Verzweifelten und Unglücklichen mehr Aufmerksamkeit, dem Leben, in dessen Namen ihnen Hilfe gewährt wird, als ihrem biographischen Leben, dem Leben, mit dem sie ihrer Existenz, unabhängig, eine Bedeutung geben können.[35]

In Freundschaften zählen nicht nur die Narben von Folter und Verfolgung, sondern Träume für die Zukunft. In Freundschaften kann dieses biographische Leben Bedeutung gewinnen. Auch das macht Freundschaften politisch.

35 Ebd., S. 254.

XI. Was tun?

Bücher über ‚die Flüchtlingskrise‘ enden gern mit Ratschlägen, was nun getan werden sollte. Herfried und Marina Münkler formulieren elf Imperative für eine vorausschauende Integrationspolitik, Kristin Helberg stellt ein 7-Punkte Programm vor.[36] Viele der Vorschläge richten sich an ‚die Politik‘, das heißt, staatliches Handeln. Manche sind klug und widersprechen dem Mainstream, etwa das Plädoyer der Münklers für Großzügigkeit, was Integrationsmaßnahmen anbelangt, ohne „unter populistischem Einfluss in eine Kleinlichkeit“ zu verfallen, womit der Integration letztlich nur geschadet wird. So sei der Vorschlag eine Integrationspflicht einzuführen kaum hilfreich und eigentlich nur an „die Besorgten“ im Lande gerichtet, um diese zu beruhigen.[37] Erzwingen lasse sich Integration nicht. Andere Vorschläge scheinen mir richtig, aber irgendwie auch trivial zu sein. Schulen sollten zu Orten der Integration werden, schreiben die Münklers. Ja, klar, wenn das so einfach wäre. Auch die Forderung nach sozialer Durchmischung und der Bereitstellung von günstigem Wohnraum in allen Stadtvierteln, um so ‚Parallelgesellschaften‘ vorzubeugen, ist einfach gemacht. Und manche Vorschläge, so gut gemeint sie klingen, sind ärgerlich. Dazu gehört die „Zauberformel“ der „Patenschaften“, die Kristin Helberg vorschlägt.[38] Deutsche, am besten in einer vernetzten Gruppe von fünf Paten, sollten sich jeweils um einen Flüchtling oder dessen Familie kümmern, um so die jeweils

---

36 Münkler / Münkler, *Die neuen Deutschen*, S. 227–228; Helberg: *Verzerrte Sichtweisen*, S. 218–257.

37 Münkler / Münkler: *Die neuen Deutschen*, S. 235.

38 Helberg: *Verzerrte Sichtweisen*, S. 232–237.

anstehenden Probleme zu lösen. Hierzu sollten auf kommunaler oder regionaler Ebene Patenschaftsprogramme, gemeint ist wohl staatlicherseits, eingeführt werden.

Das klingt wunderbar; war ich nicht selbst in gewisser Weise „Pate" für Mariam und ihre Familie? Warum ärgert mich dieser Vorschlag? Erstens impliziert er, dass solche Hilfe am besten unter einem staatlichen Schirm ablaufen solle, um strukturiert und organisiert zu sein. So ließen sich Paten und Flüchtlinge passend vermitteln. Kanada dient dabei als Vorbild. Die letzten Monate haben allerdings gezeigt, dass eine Vernetzung ‚von unten‘, graswurzelartig über Facebook, wunderbar und vor allem unbürokratisch funktioniert. Sie ermöglicht spontane und unerwartete Begegnungen von Menschen, die gerade nicht zueinander passen. Dass ich mich durch ein solches Programm jemals mit Mariam angefreundet hätte, ist jedenfalls zu bezweifeln. Vor allem stellt sich die Frage, was staatlich organisierte Paten machen sollen, wenn es darum geht, ihre ‚Patenkinder‘ im Falle einer Ablehnung des Asylantrags zu unterstützen, eine Frage, die sich Helberg, die vor allem über Syrer schreibt, gar nicht erst stellt. Zweitens legt die Begrifflichkeit, bewusst oder nicht, eine Hierarchie nahe: hier die informierten und helfenden Paten, dort die unkundigen Patenkinder (das Wort legt sogar eine gewisse Unmündigkeit nahe), die Hilfe und Rat brauchen. Mir geht es nicht darum, mich möglichst effizient um Menschen zu kümmern, als Ersatzsozialarbeiter oder Integrationslotse, sondern um Freundschaften. Ich sehe mich nicht als Mariams Pate. Sie ist auch nicht mein ‚Schützling‘. Mariam ist eine gute Freundin. Hin und wieder helfe ich ihr, wenn es um Fragen der deutschen Bürokratie geht. Und auch wenn ich ihr vermutlich öfter half als sie mir, so tat sie es doch hin und wieder: Als ich ihr einmal von Liebeskummer berichtete, machte sie mir Mut und heiterte mich, besser als alle deutschen Freundinnen und Freunde, auf. Eine Freundschaft ist keine Einbahnstraße, sie beruht auf Gegenseitigkeit. Mag sein, dass staatliche Programme auch zu solchen Beziehungen führen. Ihr Ansatz ist aber letztlich ein anderer.

Ich kann und will daher nicht mit wohlfeilen Vorschlägen oder Programmen aufwarten, die von ‚der Politik' zu verwirklichen wären (und auf die vermutlich ohnehin kaum jemand hören würde). Wenn sich aus dem Gesagten ein Vorschlag ergibt, dann ist er banal und doch wichtig: Unterhaltet euch mit Fremden, ob sie Flüchtlinge sind oder nicht; hört zu, behandelt Menschen mit Respekt. Eigentlich eine Trivialität. Dazu bedarf es auch keiner staatlich auferlegten Programme, dazu bedarf es lediglich ein wenig Muts, einen ersten Schritt zu machen, sei es vor dem LAGeSo, auch wenn sich dort nun die Situation entspannt hat und man auch deshalb weniger oft mit Geflüchteten ins Gespräch kommt, sei es in Unterkünften, wo es oft aktive Helferkreise gibt, sei es über Facebook. Gelegenheiten gibt es zuhauf, und wer will, findet sie. Ich ging eigentlich nie als ‚Helfer' in Mariams Unterkunft, immer nur als Freund. Und doch dauerte es niemals lange, bis mich andere Menschen ansprachen, die eine Bitte oder Frage hatten, woraus sich weitere Beziehungen ergaben.

Aber auch wenn es banal sein mag, auf Fremde zuzugehen, mit ihnen zu sprechen, ihnen zuzuhören, gar Freundschaften zu schließen: die Konsequenzen, die sich daraus ergeben, sind alles andere als banal. In Freundschaften entsteht ein Raum, andere Sichtweisen kennenzulernen und diese ebenso wie eigene zu hinterfragen, aber auch mit ihnen zu leben und sich dennoch höflich und freundlich zu behandeln. In Freundschaften zwischen Fremden entsteht Solidarität und Vertrauen, die unsere Gesellschaft zusammenhalten können. „Bleibt höflich und gelassen", hat die Kölner Historikerin Nina Verheyen ihren Artikel in der *FAZ* über Demokratisierungsversuche der Amerikaner nach dem Zweiten Weltkrieg und was sich daraus heute lernen lässt überschrieben.[39] Die Amerikaner waren davon überzeugt, dass höfliche Kommunikation, gerade bei

---

39 Nina Verheyen: Integration. Drum seid höflich und bescheiden. In: *FAZ*, 02.02.2016. http://www.faz.net/aktuell/feuilleton/integration-drum-seid-hoeflich-und-bescheiden-14046504.html (Zugriff am 28.09.2017).

unterschiedlichen Meinungen, eine Voraussetzung für eine friedliche Demokratie sei. In Freundschaften zwischen Fremden mit teils sehr unterschiedlichen Lebensansichten passiert genau dies: Sie vermitteln die Erfahrung, dass Differenzen nicht zu Feindschaft und Misstrauen führen müssen, sondern zu Neugierde aufeinander.

Vermutlich sind sich alle, von links bis rechts, einig, dass diese Gesellschaft Solidarität und Zusammenhalt braucht; jedenfalls konnte man entsprechende Slogans auf allen Wahlplakaten lesen, und nach dem Erfolg der AfD bei der Bundestagswahl im September 2017 warnte gar Bundespräsident Frank Walter Steinmeier vor gesellschaftlichen Spaltungen. Indem man Freundschaften mit Flüchtlingen schließt, erfüllt man gleichsam einen Wunsch, der auch immer wieder von (führenden) Politikerinnen und Politikern geäußert wird. Wie Angela Merkel es formulierte: „Einfach auch mal auf Flüchtlinge zugehen, dann verliert man gewisse Ängste." Diese Solidarität aber hat etwas Subversives; das hat sie mit Mariams Utopie freier Reisen gemein. Denn erstens macht sich die Solidarität zwischen Fremden nicht an nationalen Grenzen fest, wie sie von Staaten definiert werden. Ob Mariam Deutsche ist oder nicht, ob sie zu jenem ‚deutschen Volk' gehört, dem der Reichstag gewidmet ist, bleibt gleichgültig. Sie durchbricht nationale Grenzen und, nebenbei bemerkt, auch Geschlechtergrenzen, was für Mariam, die nun einen westlichen, männlichen Freund hat, der nicht einmal gläubig ist, ebenso wichtig war. Und wenn nötig liegt diese Solidarität nicht nur quer zu staatlichen Grenzen, sie stellt sich auch gegen nationalstaatliche Logiken der Exklusion, etwa wenn es darum geht, Wege zu finden, die unseren Freundinnen und Freunden trotz negativer Asylbescheide eine Bleibeperspektive schaffen können. Dass Integration vor Ort, dass Mitarbeit im lokalen Fußballverein oder in der Kirchengemeinde genau solche Freundschaften hervorbringt, dass es damit zu einer Solidarität kommt, die sich dann auch in Opposition gegen staatliches Handeln stellt, stößt gerade bei konservativen Politikerinnen und Politikern nicht unbedingt auf Begeisterung. Freundschaften, das war schon den antiken Griechen bewusst, konnten sich gegen die Macht der Herrschenden stellen, wie Krippendorf ausführt.[40] Die Logik von Freundschaften steht der auf Exklusion beruhenden Logik des Nationalstaats im Zweifelsfall diametral entgegen. Nicht zuletzt deshalb sind Freundschaften, insbesondere jene zwischen Fremden, politisch.

40 Krippendorf: *Freundschaft*, S. 3.

XII. Epilog

Dieses Buch begann mit Mariam und der Freundschaft mit ihr; es soll auch mit ihr enden. Leider kann ich kein versöhnliches Ende bieten. Ich weiß beim Schreiben dieser Zeilen nicht, wie ihr Asylverfahren ausgeht. Aber das ist nicht das einzige Problem, mit dem sie konfrontiert ist. Sie kommt auch von manchen Vorstellungen und Erwartungen ihrer Heimat nicht los, etwa was die Rolle der Frau und die Möglichkeit von Freundschaften mit Männern anbelangt. Sie hat, hier in Berlin, einen afghanischen Freund, einen jungen Mann, der schwer traumatisiert ist, dessen ganze Familie von den Taliban umgebracht wurde. Aber der Mann weigert sich, darin ganz Mann, eine psychiatrische Therapie zu suchen – entgegen den Wünschen Mariams. Der Mann scheint die Freundschaft zwischen Mariam und mir nicht auszuhalten. Schon als er sah, wie ich Mariam bei der Anmeldung zu einem Deutschkurs begleitete, machte er ihr im Nachhinein Schwierigkeiten. Immerhin setzte sie sich zur Wehr. Sie wollte keinen Mann, der ihre Vorschriften machen würde. Aber sie kam wohl nicht von ihm los. Er blieb, drohte ihr auch damit, sich umzubringen, wartete tagelang vor ihrer Unterkunft und brachte Mariam auf diese Weise dazu, wieder mit ihm zu reden. Aber unsere Freundschaft war ihm weiterhin ein Dorn im Auge. Schließlich erpresste er sie – „he blackmails me", wie sich Mariam ausdrückte. Er hatte Fotos von ihr und drohte, diese ihrer Familie und anderen Afghanen zu zeigen, würde sie sich nicht seinem Willen beugen und die Freundschaft mit mir beenden. Mariam tat dies. Hilfe von mir wollte sie nicht: „It is my life, it is my problem, and I have to solve it myself", schrieb sie; und Recht hat sie damit, so traurig es ist.

In unseren Gesprächen träumte Mariam oft von Freiheit, einer Freiheit, die ihr als afghanischer Frau fehlte. In einer unserer letzten Unterhaltungen fragte ich sie erneut, was Freiheit für sie bedeute. Reisen zu können, ins Kino zu gehen, Freunde zu treffen; sie erwähnte die Dinge, die sie schon öfters gesagt hatte. Und, so fügte sie dann hinzu, einen Ehemann zu haben, der ihr keine Vorschriften macht. Ich wünsche, dass Mariam einen solchen Ehemann findet, einen Mann, der ihre Freundschaften akzeptiert. Mariam widersetzt sich, so gut sie es kann, Versuchen, ihre Freiheit einzuschränken. Sie ist nicht um deutliche Worte verlegen, wenn es darum geht, Unrecht und Unterdrückung zu verurteilen, vor allem, wenn Frauen, gleich ob sie aus Afghanistan kommen oder nicht, betroffen sind. Für Männer, insbesondere für afghanische, muslimische Männer, die ihre Frauen schlagen, die ihren Frauen keine Rechte geben, die ihren Frauen Vorschriften machen, hat sie nichts als Verachtung übrig. Davor floh sie auch; leider scheint sie dem auch in Deutschland nicht entkommen zu können, zu stark ist der familiäre oder auch kulturelle Erwartungsdruck, den sie an sich selbst richtet: Sie hatte ihren Freund einmal umarmt, nun müsse sie ihn heiraten, so seien die Regeln ihrer Religion, erklärt sie mir. Und so hasst sie nicht nur Männer, sondern auch sich selbst dafür, diesen Freund ausgewählt zu haben. Mariam weiß, dass Freundschaften zwischen Männern und Frauen kein Problem sind. Ihr Boyfriend weiß dies nicht. Er will nach den Regeln einer Kultur leben, die, so erklärte er mir selbst, Freundschaften zwischen Männern und Frauen verbietet, die ihren Frauen gar verbietet, mit anderen Männern zu reden. In seiner Haltung war, soweit Mariam sie mir schilderte, keinerlei Veränderung bemerkbar. Die Regeln, die er meint aufstellen zu können, zerstören das vielleicht utopische Potential, die Freundschaften über Grenzen hinweg haben können. Sie stehen dem politischen Versprechen von Freundschaften diametral entgegen.

Es bleibt mir nichts, als zu hoffen, dass Mariam ihre ersehnte Freiheit finden wird.

Danksagung

Dieses Buch würde ohne die Hilfe vieler Freundinnen und Freunde nicht existieren. Da seien zuerst die geflüchteten Freundinnen und Freunde aus Syrien, Afghanistan und dem Irak genannt, die sich für Interviews zur Verfügung gestellt haben, deren Namen aber nicht genannt werden sollen. Ebenso dankbar bin ich deutschen Freundinnen und Freunden, die mir über ihre Erfahrungen berichtet haben. Dank gebührt auch allen, mit denen ich zuerst die Nächte vor dem LAGeSo verbracht habe, und mit denen wir später über Facebook alle möglichen Probleme zu lösen versuchten – oft mit Erfolg. Ich bin bestimmt nicht mit allen befreundet, und viele kenne ich nur virtuell: Was diese Netzwerke leisten, auch wenn es immer mal wieder Streit gibt, ist beeindruckend und gibt mir ein ums andere Mal Kraft. Es mag eine abgedroschene Phrase sein, aber sie ist wahr: Mein Leben wäre ärmer ohne euch alle. Der University of Warwick danke ich für die Finanzierung der Interviews, die ich für dieses Buch geführt habe. Und schließlich habe ich meiner Frau zu danken. Ohne sie wären all die Freundschaften nur halb so schön. „Bei euch fühlen wir uns nicht alleine", schrieb mir eine junge Freundin aus Afghanistan. Es ist auch ein Kompliment für unsere Liebe.

Literaturverzeichnis

Amnesty International Sektion der Bundesrepublik Deutschland e. V. / Arbeiterwohlfahrt Bundesverband e. V. / Bundesweite Arbeitsgemeinschaft Psychosozialer Zentren für Flüchtlinge und Folteropfer e. V. / Arbeitsgemeinschaft Migrationsrecht im Deutschen Anwaltsverein et al. (Hrsg.): *Memorandum für faire und sorgfältige Asylverfahren in Deutschland. Standards zur Gewährleistung der asylrechtlichen Verfahrensgarantien*, November 2016. https://www.proasyl.de/wp-content/uploads/2015/12/Memorandum-f%C3%BCr-faire-und-sorgf%C3%A4ltige-Asylverfahren-in-Deutschland-2016.pdf (Zugriff am 26.09.2017).

Allen, Danielle: *Talking to Strangers. Anxieties of Citizenship since Brown vs. Board of Education*. Chicago: Universtiy of Chicago Press 2006.

Alschater, Firas: *Ich komme auf Deutschland zu. Ein Syrer über seine neue Heimat*. Berlin: Ullstein 2016.

Asylrecht. De Maizière fordert mehr Rückhalt für Abschiebungen. In: *Zeit Online*, 12.06.2016. http://www.zeit.de/politik/deutschland/2016-06/thomas-de-maiz-ere-abschiebungen-proteste (Zugriff am 28.09.2017).

Baberowski, Jörg: Deutschland verwandelt sich in eine Tugend-Republik. In: *Neue Züricher Zeitung*, 27.09.2015. https://nzzas.nzz.ch/meinungen/deutschland-verwandelt-sich-in-eine-tugend-republik-ld.150170?reduced=true (Zugriff am 28.09.2017).

—: Ungesteuerte Einwanderung. Europa ist gar keine Wertegemeinschaft. In: *FAZ*, 14.09.2015. http://www.faz.net/aktuell/feuilleton/debatten/joerg-baberowski-ueber-ungesteuerte-einwanderung-13800909.html (Zugriff am 28.09.2017).

Bahners, Patrick: Willkommenskultur. Der Affekt gegen den Affekt. In: *FAZ*, 30.09.2015. http://www.faz.net/aktuell/feuilleton/debatten/willkommenskultur-der-affekt-gegen-den-affekt-13830372.html (Zugriff am 28.09.2017).

—: Zu Heinrich August Winkler. Der Westen – ein frommer Wunsch. In: *FAZ*, 01.10.2015. http://www.faz.net/aktuell/politik/staat-und-recht/zu-heinrich-august-winkler-der-westen-ein-frommer-wunsch-13832634.html (Zugriff am 28.09.2017).

Demandt, Alexander: Untergang des Römischen Reichs. Das Ende der alten Ordnung. In: *FAZ*, 22.01.2016. http://www.faz.net/aktuell/politik/staat-und-recht/untergang-des-roemischen-reichs-das-ende-der-alten-ordnung-14024912.html (Zugriff am 28.09.2017).

Fassin, Didier: *Humanitarian Reason. A Moral History of the Present*, aus d. Franz v. Rachel Gomme. Berkeley: University of California Press 2012.

Gericht spricht selbsternannte Scharia-Polizisten frei. In: *Zeit Online*, 21.11.2016. http://www.zeit.de/gesellschaft/zeitgeschehen/2016-11/ wuppertal-scharia-polizei-prozess-landgericht-freispruch (Zugriff am 28.09.2017).

Geyer, Christian / Andreas Kilb / Regina Mönch: Gespräch mit Marina und Herfried Münkler. Ein Traum für Deutschland. In: *FAZ*, 26.08.2016. http://www.faz.net/aktuell/feuilleton/debatten/marina-und-herfried-muenkler-die-neuen-deutschen-14405574.html (Zugriff am 28.09.2017).

Giesinger, Ruth: Asylrecht. CSU-Generalsekretär zur Asylpolitik: „Das Schlimmste ist ein fußballspielender, ministrierender Senegalese." In: *Tagesspiegel*, 18.09.2016. http://www.zeit.de/politik/deutschland/2016-06/ thomas-de-maiz-ere-abschiebungen-proteste (Zugriff am 28.09.2017).

Helberg, Kristin: *Verzerrte Sichtweisen. Syrer bei uns. Von Ängsten, Missverständnissen und einem veränderten Land.* Freiburg / Basel / Wien: Herder 2016.

Hettling, Manfred: Flüchtlingsdebatte. Die Zumutung des Solidaritätsempfindens. In: *FAZ*, 20.10.2015. http://www.faz.net/aktuell/feuilleton/ debatten/manfred-hettling-ueber-nationale-zugehoerigkeit-13865045.html (Zugriff am 28.09.2017).

Hochschule für Medien, Kommunikation und Wirtschaft (Hrsg.): *Flüchtling 2016. Studie der HMKW zu Demokratieverständnis und Integrationsbereitschaft von Flüchtlingen 2016.* Berlin, August 2016. http://docplayer. org/25365027-Fluechtlinge-studie-der-hmkw-zu-demokratieverstaendnis-und-integrationsbereitschaft-von-fluechtlingen-berlin-august-2016.html (Zugriff am 28.09.2017).

Knab, Eva Maria / Christian Mühlhause: Empört über Abschiebungen. In: *Augsburger Allgemeine*, 09.01.2017. http://www.augsburger-allgemeine.de/ augsburg/Empoert-ueber-Abschiebungen-id40156337.html (Zugriff am 28.09.2017).

Krippendorf, Eckehart: Freundschaft als Politische Kategorie. Text zum Seminar „Wahre Freundschaft" vom 07. bis 09. Juni 2002 im Haus auf der Alb, Bad Urach. https://www.lpb-bw.de/publikationen/dokumentationen/ Freundschaft.pdf (Zugriff am 28.09.2017).

Luhmann, Niklas: *Vertrauen. Ein Mechanismus der Reduktion sozialer Komplexität* [1968]. Stuttgart: UTB 2000.

Müller, Reinhard: Freispruch für Scharia-Polizei. Dagegenhalten. In: *FAZ*, 21.11.2016. http://www.zeit.de/gesellschaft/zeitgeschehen/2016-11/ wuppertal-scharia-polizei-prozess-landgericht-freispruch (Zugriff am 28.09.2017).

Münkler, Herfried: Die Satten und die Hungrigen. Die jüngste Migrationswelle und ihre Folgen für Deutschland und Europa. In: Anja Reschke (Hrsg.): *Und das ist erst der Anfang. Deutschland und die Flüchtlinge.* Reinbek: Rowohlt 2015, S. 187–201.

Münkler, Herfried / Marina Münkler: *Die neuen Deutschen. Ein Land vor seiner Zukunft*. Berlin: Rowohlt 2016.

Rath, Christian: Diskriminierung in Freiburg. Integration ins Nachtleben. In: *taz*, 24.01.2016. http://www.taz.de/!5267786/ (Zugriff am 28.09.2016).

Nahles, Andrea: Ohne Integration werden die Leistungen gekürzt. In: *FAZ*, 31.01.2016. http://www.faz.net/aktuell/politik/inland/andrea-nahles-fordert-fluechtlinge-auf-sich-zu-integrieren-14044777.html (Zugriff am 28.09.2017).

Steppart, Timo: Merkels Internet-Sprechstunde. „Hallo, hören Sie mich?" In: *FAZ*, 01.12.2016. http://www.faz.net/aktuell/politik/inland/angela-merkel-beantwortet-fragen-der-buerger-via-videostream-14554618.html (Zugriff am 28.09.2017).

Steltzner, Holger: Migrationsdruck. Ohne Sicherheit gibt es keine Freiheit. In: *FAZ*, 23.09.2016. http://www.faz.net/aktuell/wirtschaft/wirtschafts politik/europa-muss-seine-sozialmodelle-schuetzen-14448306.html? printPagedArticle=true#pageIndex_0 (Zugriff am 28.09.2017).

Verheyen, Nina: Integration. Drum seid höflich und bescheiden. In: *FAZ*, 02.02.2016. http://www.faz.net/aktuell/feuilleton/integration-drum-seid-hoeflich-und-bescheiden-14046504.html (Zugriff am 28.09.2017).

Von Altenbockum, Jasper: Amoklauf in München. Wenn Wildfremde Vertrauen zueinander fassen. In: *FAZ*, 23.07.2016. http://www.faz.net/aktuell/ politik/inland/amoklauf-von-muenchen-wenn-wildfremde-vertrauen-zueinander-fassen-14354123.html (Zugriff am 28.09.2017).

Wagner, Gerald: Islamforscher am Pranger. Eisberg in der Wohlfühlzone. In: *FAZ*, 27.07.2016. http://www.faz.net/aktuell/feuilleton/debatten/berliner-studenten-werfen-ruud-koopmans-nationalismus-vor-14357049.html (Zugriff am 28.09.2017).

Winkler, Heinrich August: Deutschlands moralische Selbstüberschätzung. In: *FAZ*, 30.09.2015. http://www.faz.net/aktuell/politik/fluechtlingskrise/ gastbeitrag-deutschlands-moralische-selbstueberschaetzung-13826534.html (Zugriff am 28.09.2017).

Relationen. Essays zur Gegenwart

hrsg. von David Jünger / Jessica Nitsche / Sebastian Voigt

In Planung